L 27/n 14631

ÉLOGE
DE HENRI-JACQUES DE MONTESQUIOU DE POILEBON, ÉVÊQUE, BARON ET SEIGNEUR DE SARLAT.

Par M. l'Abbé LA REYNIE DE LA BRUYERE.

Quod vidimus, videruntque alii
& laudavêre, testamur.

A PARIS,

Chez CAILLEAU Imp.-Libraire, rue Galande, N°. 64.
A LIMOGES, chez BARBOU,
A AUSCH, chez DUPRAT,   } Imprimeurs-
A SARLAT, chez FRANÇOIS ROBIN, } Libraires.

1784.

A TRÈS-HAUT
ET TRÈS-PUISSANT SEIGNEUR
MESSIRE ANNE-PIERRE
DE MONTESQUIOU - FEZENZAC,

Marquis de *Montesquiou*, Seigneur Châtelain de Colommiers, d'Ozou, Touquin & autres lieux, Chanoine honoraire de l'Eglise Métropolitaine d'Ausch, Baron d'Armagnac, Commandeur des Ordres du Roi, Maréchal de ses Camps & Armées, premier Ecuyer de MONSIEUR, Frère du ROI, Chancelier, Garde-des-Sceaux des Ordres Hospitaliers de Saint-Lazare de Jérusalem & de Notre-Dame du Mont-Carmel, Capitaine des Chasses de la Capitainerie de Sénart, l'un des quarante de l'Académie Françoise, &c. &c. &c.

MONSIEUR,

Vous ajoutez le dernier trait à l'Eloge de l'illustre Evêque de Sarlat *, en me permettant de le faire*

A ij

paroître sous vos auspices, & je laisse à ceux qui liront ce foible Ecrit, le soin de vous reconnoître dans l'esquisse que j'ai tentée de votre auguste parent. On ne doutera pas que les vertus ne soient quelquefois héréditaires comme le nom. Les mêmes qualités qui le distinguèrent parmi les Prélats François, vous distinguent aussi de la foule des Courtisans. J'en ai pour garant la haute estime que vous accorde un Prince vertueux & éclairé *, qui met tant de discernement dans son choix, & qui n'a pas dédaigné de vous prendre pour son conseil & son ami. Poursuivez, Monsieur, votre brillante carrière, bravez les efforts de l'Envie, qui, déjà blessée par le trait que vient de lui porter le Sénat de la Capitale **, va s'avouer vaincue en voyant tant de conformité entre les vertus de l'oncle & celle du neveu.

J'ai l'honneur d'être, avec un profond respect,

MONSIEUR,

Votre très-humble & très-obéissant serviteur, l'Abbé DE LA REYNIE.

---

*MONSIEUR, Frère du Roi.

** Arrêt de la Cour du Parlement, qui déclare la Maison de Montesquiou, issue par mâles des premiers Seigneurs de ce nom.

ÉLOGE
DE HENRI-JACQUES
DE MONTESQUIOU.

Que le mortel dont le cœur est digne de s'enflammer sur les vertus est à plaindre, de se voir forcé, par la reconnoissance, à mettre, dès ses premières années, une main tremblante à la plume, pour reprocher au genre humain son injustice envers les grands hommes ! Admirateurs insensés d'un vain fantôme de gloire, nous prodiguons nos hommages à des vices glorieux, aux foibles lueurs du génie, à la puissance, & le nom sacré du sage qui se dévoua tout entier à la vertu & au bien public, demeure, avec sa cendre, enseveli dans une tombe ignorée. L'illusion dominante de nos jours, est d'accorder tout au talent & rien à la vertu. Hélas ! qu'est devenue cette harmonie antique & touchante entre cette même vertu & le génie, la Religion & les Lettres ! D'où vient cette stupide indifférence de notre siècle, & pour les vertus qui l'honorent, & pour celles qui ne sont déjà plus ? O tems heureux de nos pères ! Si vous aviez vu naître MONTESQUIOU, des Autels, élevés en son honneur, nous auroient transmis ses actions & sa gloire ; & nous, qu'il a éclairés par ses conseils, instruit par ses exemples, nous ne daignons pas apprendre à la postérité le nom d'un homme qui honora sa Patrie & la Religion ! La Philosophie elle-même, infatigable Apologiste de la bienfaisance, la Philosophie se tait sur la vie d'un Prélat qui compta ses jours par des bienfaits !

Telle semble être dans nos mœurs la destination de l'éloquence ; accoutumée à jetter des voiles sur de véritables défauts, ou des fleurs sur des vertus équivoques, elle demeure muette à la vue du parfait mérite.

Persuadé que MONTESQUIOU étoit en droit de prétendre à d'autres Panégyristes, & que les regrets publics méritoient des interprétes plus éloquens, j'avois jusqu'ici concentré dans mon ame, ma douleur, & mon respect pour sa mémoire ; mais le coupable silence de nos orateurs m'engage à tracer quelques mots sur sa tombe. J'oublie en ce moment la médiocrité de mes talens dont je ne fus jamais plus fenfiblement touché, pour ne fuivre que les tranfports de mon zèle, & j'aime à me perfuader que ce même zèle me donnera de l'énergie & m'obtiendra l'indulgence de ceux qui daigneront lire cet Ecrit. Puiffent-ils, entièrement occupés du Prélat dont je parle & de fes vertus, oublier l'Orateur & fes défauts.

J'ofe acquitter la dette de mes Concitoyens : qu'il eft glorieux pour moi de confacrer à la mémoire d'un grand homme, qui combla de bienfaits ma Patrie & qui m'honoroit de fa bienveillance, les prémices d'une plume qui n'a jamais été trempée dans le fiel de la fatyre, ni dans le poifon plus dangereux encore de la flatterie ! J'ai le courage de peindre & de louer la vertu, dans un fiècle où l'on ne connoît, où l'on n'encenfe que le vice. Quelque cher que foit à mon cœur l'hommage que je rends à la mémoire de MONTESQUIOU, je me tairois, fi je devois fouiller par le menfonge. Non, en effayant d'écrire, je ne ferai point le honteux apprentiffage de la baffeffe ; la voix éloquente de la renommée me dictera ce que je dois dire. J'intéreferai, non par les graces du ftyle, mais par le récit touchant des vertus d'un grand homme, dont les exemples nous rappelleront fans ceffe à notre devoir, à l'amour

* A iv

du bien public, de la juſtice, de la Religion. Ce foible ouvrage ſera tout à la fois, & l'éloge d'un ſage, & une leçon vivante pour les Paſteurs de l'Egliſe; & s'il en étoit encore qui ſacrifiaſſent la ſublime ſimplicité de leur état à l'indécence d'un faſte odieux, qui négligeaſſent l'intérêt de leurs Diocéſes, pour ramper dans les Cours & dans les Anti-Chambres; qui proſtituaſſent au luxe, à la ſenſualité, à la pompe du ſiècle, des richeſſes priſes ſur l'Autel & deſtinées à ſoulager l'humanité ſouffrante; ils trouveroient dans la conduite de l'Evêque de Sarlat la condamnation de leurs mœurs licentieuſes.

Pour donner de l'ordre à ce Diſcours, je montrerai MONTESQUIOU rempliſſant à la fois les devoirs de Prélat & ceux de Citoyen.

O vous qui le pleurâtes avec nous, vous que le Ciel a choiſi pour gouverner un Diocéſe qui fut le théâtre de ſes travaux & de ſa gloire! Prélat, dont le Citoyen de Sarlat ne peut prononcer le nom ſans attendriſſement, vous ne ſerez point ſéparé de ce Diſcours; j'oſerai m'occuper du bonheur de votre Peuple, j'oſerai parler de vos devoirs en peignant votre vertueux prédéceſſeur. Pourrois-je vous offrir un plus grand exemple que ſa vertu, de plus grandes reſſources que ſes vûes bienfaiſantes?

PREMIÈRE PARTIE.

LAISSONS à de fiers & vils parvenus le triste avantage de vanter cette éblouissante chimère qu'on appelle *nobleſſe* ; je ne ſaurois faire honneur à MONTESQUIOU d'une prérogative qu'il dédaigna tant qu'elle ne lui fut que tranſmiſe par la nature. Il eut toujours gravée dans ſon ame, cette ſage maxime dont on devroit ſans ceſſe fatiguer l'oreille des Grands, que le ſang le ſeul noble eſt celui qui coule pour la patrie ; mais je dois le publier à ſa gloire, il ſe ſouvint de ſa naiſſance pour remplir les devoirs qu'elle lui impoſoit; & il ſoûtint, à la tête de ſon Clergé, l'honneur que ſes aïeux avoient acquis à la tête des armées.

Il ſeroit donc ſuperflu de dire qu'il étoit iſſu du ſang des Rois ; qu'il comptoit parmi ſes ancêtres les premières têtes du Royaume, que les honneurs militaires & eccléſiaſtiques ſembloient héréditaires dans ſa famille, où la probité, la généroſité & la grandeur d'âme coulent avec le ſang. Le Ciel qui deſtinoit MONTESQUIOU à de grands emplois, lui fit trouver dans la maiſon paternelle un double héritage, un nom illuſtre & des vertus sublimes, de grands talens soutenus par de grands exemples. Si l'on arrangeoit soi-même sa destinée, notre premier vœu seroit sans doute de naître d'un père éclairé & sage. MONTESQUIOU eut ce bonheur. Son père, dont le nom doit être à jamais gravé dans nos cœurs reconnoissants, réunissoit l'heureux mélange d'une stoïque sagesse & de la morale évangélique, de la grandeur romaine & de la civilité françoise. Ce père, juste appréciateur de la noblesse, crut pouvoir, sans dégrader ses ancêtres, s'appliquer à leur former une postérité digne d'eux. Il ne confie point à des mains étrangères le soin important de cultiver des vertus naissantes; il veut former un Citoyen, un fils qui lui ressemble, cet honneur est trop grand pour qu'il le vende à des mercenaires. Avec quelle douceur, quelle fidélité, quel zèle il remplit ce dangereux & pénible honneur! Persuadé que les devoirs de Gouverneur d'une Province, ne devoient pas lui faire négliger ceux de père, il imprime dans l'ame de ce fils chéri, les nobles sentimens qui l'animent: il lui donne des leçons de modération, en commandant aux mouvemens de sa colère; de générosité, en comblant de bienfaits les malheureux; de sensibilité, en pleurant sur leurs misères; de courage, en bénissant & baisant ses honorables blessures.

A peine la raison avoit répandu sur les sens du jeune MONTESQUIOU une foible clarté, que l'inexorable mort vint trancher le fil d'une vie qu'elle avoit respectée dans cent combats. L'instituteur infatigable meurt : il descend au tombeau sans avoir eu la douce satisfaction de recueillir le fruit inestimable de ses leçons paternelles. Mais il voit éclore dans un jeune cœur les germes précieux des vertus qu'il y a jettée; une voix secrette lui dit : « ton fils sera digne de toi, » & il meurt tranquille. » Tel est l'empire qu'exerça toujours sur les cœurs sensibles & grands, le saint amour de la Patrie ; & malheur aux ames étroites & glacées qui se refuseroient à des sentimens si touchans.

Cependant que deviendra cet enfant abandonné à lui-même dans un âge où l'on a si grand besoin des autres ? Les étincelles de son génie naissant, présage si trompeur pendant la jeunesse, annoncèrent de bonne heure ce qu'il devoit être. Sa vertueuse mère ne négligea rien pour répondre aux vœux de la nature. Elle savoit que l'ambition ou le desir de se rendre utiles, rassemble dans les Capitales ces hommes extraordinaires, nés pour penser, & pour éclairer leurs semblables, ces hom. que leurs hautes idées raprochent de si près de l'Être suprême, mais que souvent la calomnie, ou d'odieuses rivalités, avilissent & dégradent ; ces hommes enfin, qui, amis de la vérité, sont l'objet éternel de l'amour & des hommages du genre humain, & qui, lorsqu'ils osent l'obscurcir, trouvent pour toute récompense de leurs entreprises insensées, les malheurs, la persécution, le mépris des Grands, l'indifférence & la haine du Peuple, l'indigence, l'exil, & enfin, une mort obscure loin de leur Patrie.

Marguerite envoie à Toulouse ce fils, qu'elle croit devoir à l'Etat, pour y faire ses études, sous la conduite d'un Gouverneur sage & éclairé. Bientôt après elle voulut qu'il vint à Paris pour y puiser l'art d'obéir & de commander, & l'art le plus difficile encore de gouverner & de rendre heureux les Peuples. O mère tendre ! vous êtes dans l'erreur si vous croyez que votre fils ne peut devenir grand sans respirer l'air empoisonné de la Capitale. Quels avantages peut-il retirer de cette partie de son éducation ? quels spectacles attendrissans y réveilleront sa sensibilité ? quels exemples y aggrandiront son ame ? ignorez-vous que la Capitale est l'école de la corruption & de la bassesse ? qu'avec de grands noms, de grands talens, de grands domaines, de grands trésors, on y a toujours de petites ames ? qu'on s'y fait honneur d'une barbare insensibilité ? Vous voulez qu'il soit humain ! Ah ! éloignez-le donc de la Cour, retenez-le auprès de vous, promenez-le dans les campagnes, qu'il y voie de longs sillons mouillés des larmes du Laboureur qui les trace; introduisez-le sous le toît obscur de l'indigence; qu'il y contemple cette vertu naïve & pure qui n'est connue que sous le chaume. Attirez ses regards sur une chaumière tombant en ruines, sur une grange délabrée, dont le toît entrouvert n'oppose plus aucun obstacle à l'intempérie des saisons, & dites-lui, & lorsqu'il le le saura, redites-lui encore: mon fils, voilà les tristes retraites de ceux qui fournissent à nos profusions; nous n'habitons des palais que parce qu'ils n'ont pas où reposer leur tête: nous ne vivons dans une oisive indolence, que parce qu'ils travaillent sans cesse, nous ne sommes assis à des tables somptueuses, que parce qu'ils n'ont pas de pain, & cependant, mon fils, ce sont-là nos semblables; malgré nos biens, nos dignités, nos équipages, notre rang, mon fils, voilà nos semblabes. Pensez-vous que ces visites réitérées ne valent pas les leçons des Cours? que d'idées utiles elles feront naître à votre jeune Eléve!

MONTESQUIOU fit à Paris ses cours de Philosophie & de Théologie avec les mêmes succès qu'il avoit fait à Toulouse ses cours d'humanités; mais il croit ne rien savoir encore. Les disputes & les dissentions éternelles des savants, qu'il n'a fait qu'effleurer, excitent de nouveau son impatiente curiosité. Il recommence lui-même son éducation; la tendre harmonie des Poëtes fixa d'abord son attention naissante. La société des Homére, des Virgile, des Corneille, des Racine, des Despréaux, devint sa société favorite ; il daigna même, dans ses moments de loisir, s'égayer avec les Muses, & il nous prouva par ces badinages, qu'il eût put devenir un grand Poéte, comme il a été depuis un grand Prélat. Il dévora les productions de ces deux sublimes rivaux, qui par les charmes de leur éloquence, entraînoient les esprits les plus irrésolus, & maîtrisoient, à leur gré, les Peuples de la Grèce & de Rome.

Il vouloit ensuite se jetter dans l'étude des livres philosophiques ; mais il sait que pour les lire avec fruit, je veux dire, pour en discerner les saines maximes d'avec les sophismes erronés, il doit travailler son esprit auparavant : il n'ignore pas de quelle importance il est pour un homme que son nom & son mérite destinent à un poste éminent, de connoître cet art, si négligé, de comparer, de raprocher & d'unir plusieurs idées ensemble, de persuader & de convaincre. Il prend en main l'ouvrage immortel de ces malheureux solitaires à qui leurs talens & leurs erreurs coûtèrent tant de larmes. Son jugement, formé par la Logique de Port-Royal, ne trouve plus d'obstacles dans les ouvrages les plus métaphysiques & les plus profonds : l'étude des anciens Philosophes devient l'objet de ses veilles. Cette étude ne lui suffit pas ; il s'attache à l'étude des Langues, des Mathématiques, de la Géographie, de la Physique même.

Il est un système incurable sur lequel on a posé les fondemens de l'éducation de la plupart des Grands : c'est l'idée révoltante de l'inégalité des hommes. On s'efforce de l'insinuer de bonne heure dans leur jeune cœur : on les fatigue, dès le berceau, des grands mots de titres, de dignités, de rang ; les premières leçons qu'on leur donne, loin d'élever leur ame, la rétrécissent & la corrompent. On jette un voile épais sur leurs foiblesses, pour n'attirer leur regard que sur leur gloire. Vous avez tout reçu de la Nature, leur dit-on, vous n'avez plus qu'à jouir. Voyez ces domaines immenses, ils vous appartiennent ; cette foule d'individus qui rampent à vos pieds, ce sont vos esclaves ; nés pour vous obéir, ils n'existent que pour être les ministres de vos plaisirs & pour vous adorer. S'ils respirent, c'est un bienfait dont ils vous sont redevables, & soit qu'ils languissent sous l'empire tyrannique de la misère, soit que vous les courbiez sous le poids des chaînes, vous pouvez leur défendre jusqu'à la plainte.

A Dieu ne plaise que je veuille affoiblir ici l'idée qu'on a de la Noblesse. Je sais quel respect on doit avoir pour cette puissante colonne qui soutient le superbe édifice de l'Etat. Mais est-ce au berceau que la Patrie trouve des défenseurs ? Ont-ils encore mérité ses hommages & sa reconnoissance ? Pourquoi donc tous ces égards respectueux, ces lâches déférences dont on accable un enfant encore sur le sein de sa nourrice, & que souvent on refuse à un vieillard blanchi sous les armes ? Ses ancêtres ont servi l'Etat. Héritier de leur nom, doit-il l'être de leur gloire ? Seroit-ce en mémoire de la journée de Fontenoy, qu'on éléve en Amérique des statues à LOUIS XVI. Ennivré de ce charme dangereux, l'enfant se repose toujours de son élévation sur des Titres; il succéde au nom, aux honneurs de ses pères, sans hériter de leur vertu. Il goûte dans une oisive & pesante inutilité le fruit de leurs travaux; ses aïeux ont tout fait, il ne lui reste rien à faire.

Oh ! s'il étoit permis à un Citoyen obscur d'élever sa foible voix pour le bien de la Patrie, j'oserois proposer aux Grands un système moins insultant pour l'humanité, mais qui leur paroîtra

ridicule

ridicule ou chimérique. Si j'étois digne de former un homme, je voudrois l'élever loin des lambris dorés, des Laquais & des Pages, le mettre souvent aux prises avec l'urgente nécessité, le familiariser avec la faim, la soif & les injures de l'air ; & quand il connoîtroit sa foiblesse & l'incontestable inégalité des hommes tant qu'ils sont inutiles, je lui apprendrois le grand secret de sa naissance. Je lui dirois : La nature vous a transmis une illustre prérogative à laquelle toutes les Nations attachent des distinctions d'honneurs & d'hommages ; mais songez que ce n'est pour vous qu'un engament à la gloire ; c'est un titre & non pas une vertu ; c'est une leçon que vous ont donné vos pères, malheur à vous si vous laissiez éteindre cette succession d'honneur & de mérite, en héritant d'un nom fameux & non pas des vertus qui l'ont illustré. La Noblesse ne seroit alors que dans votre nom avili, & l'Etat ne verroit en vous qu'un ingrat & lâche Roturier.

Telle eût été sans doute l'éducation que MONTESQUIOU auroit reçu de Melchior son père ; celle que lui donnèrent ses autres maîtres fut toute opposée. Elle ne servit qu'à le rendre dur & intraitable. Malheur à qui osoit l'approcher, sans lui prodiguer ses hommages ; il repoussoit jusqu'aux carresses de ses parens. L'étude lui apprit

B

bientôt que tous les hommes étoient naturellement égaux, que l'éducation des Monarchies exigeoit une certaine politeffe, que n'exigeoit pas l'éducation des états defpotiques; que les hommes étant nés pour vivre enfemble, devoient fe plaire réciproquement, & que celui qui violeroit les loix de la bienféance, qui choqueroit tous ceux avec qui il vivroit, deviendroit enfin inutile & à charge à fes femblables.

La première paffion qu'eût MONTESQUIOU, fut celle de fe rendre utile. Il avoit employé vingt ans à s'inftruire, & il ignoroit encore dans quelle place il pouvoit fervir la Patrie. Le choix d'un état eft l'affaire la plus férieufe de la vie. Une démarche qui, pour l'ordinaire, eft l'ouvrage des goûts puériles de l'enfance, devient pour lui, le fujet de la circonfpection la plus attentive. Il confulta le Ciel, fes amis, fes intentions, fes penchants; & fans écouter ni l'orgueil, ni l'ambition, ni l'avarice, ni les pleurs de fa mère, il fuivit la route que lui avoit marquée la Providence.

Avant d'entrer dans le Sanctuaire il en voulut connoître les devoirs. Il fe livra tout entier à l'étude qui devoit l'occuper toute fa vie. A l'étude des Langues & des Belles-Lettres, fuccéda l'étude de cette fcience aride & abftraite, dont une application profonde & un travail opiniâtre peuvent à peine débrouiller le ténébreux cahos. Ce n'est plus cette belle Littérature qui n'offre à l'esprit enchanté qu'un route émaillée de fleurs, que des beautés toujours nouvelles ; ce sont des sentiers escarpés, hérissés d'épines & bordés de précipices. L'étude de la Théologie devint cependant son unique occupation. Il passoit les jours & les nuits à parcourir les savantes & immenses productions de ces antiques Propagateurs de la Foi, dont le zèle infatigable, & les sublimes talens ont assis & affermi les trônes sacrés de l'Eglise. Les Oracles des Prophêtes & des Apôtres, les Ambroise, les Chrisostome, les Athanase, les Justin, les Grégoire, les Augustin, les François de Sales, achevèrent cette partie de son éducation. Son génie transcendant, loin de s'effrayer des difficultés qui se présentent dans cette vaste carrière, s'applaudissoit, pour ainsi dire, d'avoir à lutter contr'elles, & n'en avoit que plus de vigueur.

Dans un siècle où l'ignorance semble être l'apanage d'un grand nombre de ceux qui s'engagent dans le Sacerdoce, on est surpris qu'un homme d'une famille distinguée se soit astraint à une étude aussi insipide que gênante. Sans doute que ce seroit trop pour ces gens oisifs & indolens qui passent leur vie dans des repas somptueux ou dans les anti-chambres des Miniftres; mais ce n'eft rien encore pour MONTESQUIOU. Rien de ce qui a été dit, fait ou penfé fur la terre, ne peut lui échapper. L'Hiftoire devient l'objet de fes veilles. Jofephe, Eufèbe, Origène, Rufin, Tite-Live, Tacite, Fleuri, Rollin, de Thou, lui offrent tour-à-tour les fpectacles les plus attendriffans & les plus déplorables.

Je crains qu'une longue vie ne paroiffe trop courte pour acquérir de fi vaftes connoiffances. Mais l'homme médiocre fe forme en blanchiffant, le grand homme porte cette marque diftinctive dès le berceau.

MONTESQUIOU avoit à peine vu fon quatrième luftre, qu'il excitoit l'admiration de tous les amateurs du génie & de la vertu. Parvenu à la dignité de Prêtre, il en refpecta l'excellence, il en aima les fonctions. Bientôt il fut choifi par l'Evêque de Limoges, pour être fon coopérateur, fon confeiller, fon ami & peut-être fon guide. MONTESQUIOU ne penfa jamais que le rôle de fimple Lévite fut au-deffous de lui. Il favoit que les moindres miniftères du Temple font toujours au-deffus des humains.

Les droits d'un mérite fi bien éprouvé & fi bien foutenu, étoient trop connus de la Capitale, pour être ignorés de la Cour. *Louis XV*, furpris qu'il y eût dans son Royaume un Ecclésiastique assez désintéressé, pour n'avoir pas fait valoir les droits que lui donnoient aux biens & aux honneurs du Sanctuaire, son nom & les services de ses ancêtres, voulut voir MONTESQUIOU. A peine ce grand homme avoit-il paru à la Cour, qu'il s'y répandit un murmure confus; on crut voir *Fenélon* invité par *Louis-le-Grand*, on crut entendre sa voix austère, le fléau de la flatterie.

Qu'on se représente un jeune Prince, ami de la justice & de la vérité, plein de vues bienfaisantes, destinant les emplois brillants de ses Etats à ces hommes sublimes que la Nature a partagés d'un cœur & d'un génie héroïques, mais qui, environné de méchans, est assez malheureux pour ne pas connoître les bons; un Prince que sa bonté rendoit foible, esclave de ses esclaves même; je veux dire, de ces hommes en qui l'on voit un assemblage monstrueux d'ambition dans l'oisiveté, d'orgueil dans la bassesse, de desir de s'enrichir sans travail, d'aversion pour la vérité, de trahison, de perfidie, d'infidélités à leurs engagemens, de mépris pour leurs devoirs; de ces hommes qui se carressent par bienséance, se haïssent par humeur, se calomnient par intérêt; qui obsédent les Rois depuis leur enfance & affaiblissent en eux les sentimens de la vertu qu'ils tiennent de la Nature ; de ces hommes, pour ainsi dire, emmaillotés dans les langes des préjugés , & dont l'esprit noué, ne peut s'élever au grand ; de ces hommes qui rampent éternellement devant une idole qui méprise & leur encens & leur personne ; qui souvent se couchent dans la faveur & se lévent dans la disgrace , & qui tantôt *sacrificateurs* & tantôt *sacrifiés* , ne trouvent dans les souplesses de l'intrigue rien de honteux que les mauvais succès ; de ces hommes enfin qui , dans tous les siècles, empoisonnèrent les Cours ; & qu'on appelle Courtisans.

Tels sont les hommes parmi lesquels on attire MONTESQUIOU. Il voit sourire à une impiété maligne, applaudir à une obcénité grossière , prêter une oreille complaisante aux traits venimeux de la médisance , flatter l'ambition & la cupidité, déguiser les vices les plus crians sous le masque des vertus & sous l'artifice des louanges ; il écoute tout ; il observe tout ; & ce flux & reflux de sentimens, d'éloges, de suffrages , de calomnies, est pour lui un problême inconcevable. « C'est le langage
» uniforme de la crainte qu'on parle ici, s'écrie-t-il,
» & non pas celui de la nature; elle s'exprime diffé-
» remment : la dissimulation y est trop pratiquée
» pour ne pas y être nécessaire. Quel fléau pour un
» Souverain , que des hommes toujours occupés à

» flatter ſes paſſions & à tendre des piéges à ſon
» innocence ».

Ce diſcours, joint à la candeur qui brilloit ſur
ſon front, allarma les pâles adulateurs ; il crut
entendre du milieu du tumulte la voix toujours
tendre de la flatterie, qui lui diſoit : « jeune
» inſenſé, reſpecte ce ſéjour ſacré. Le mortel qui
» oſe ſe dire vertueux eſt indigne d'y fixer ſa de-
» meure ; il empoiſonneroit l'air qu'on y reſpire ;
» il flétriroit mes lauriers : qu'il dépoſe, à l'entrée
» ces préjugés puériles de juſtice & de vérité, s'il
» veut mériter une place parmi mes proſélytes,
» & s'il ne veut pas avoir le ſort des Sulli, des
» Fénelon, qu'il ſoit moins téméraire que ces
» deux grands hommes. »

La crainte de déplaire au Roi en lui diſant
la vérité, n'engagea point MONTESQUIOU
à ſe retirer de la Cour. Il ſait que celui-là
ſert ſon Prince, qui a le courage de combattre
ſes funeſtes penchans, & qu'il eſt glorieux de
mériter ſon indignation pour n'avoir pas voulu
le trahir ; mais il craint que ſon jeune cœur ne
reçoive inſenſiblement les mauvaiſes impreſſions
de ceux qui l'environnent, & que ces gens toujours intéreſſés à ridiculiſer les ſentimens qu'ils n'é-
prouvent pas, ne parviennent, par leurs clameurs,
à le faire tomber dans un certain degré d'aviliſſe-

ment, je veux dire, à le faire taire. Il aime mieux fuir le danger que de l'affronter. Il connoît le vice, il s'en éloigne ; mais bientôt il s'en rapprochera pour le démafquer ; il portera la vérité jufqu'aux pieds du trône ; il y parlera un langage inconnu, qui en déconcertant la flatterie, étonnera & les adorateurs & l'idole.

Le Roi, dont les choix étoient toujours juftes lorfqu'il fuivoit les mouvemens de fon cœur, avoit démêlé le jeune MONTESQUIOU parmi la multitude de fes concurrens, & l'avoit dès-lors deftiné à être l'inftrument du bonheur de quelque vafte Province. L'Evêché de Sarlat vint à vacquer. Les befoins fpirituels & temporels de ce Diocèfe décidèrent du choix du Monarque. MONTESQUIOU eft nommé à cet Evêché. La nouvelle de fon élévation porta dans fon ame cette douce émotion, que fait éprouver l'occafion tardive de fervir l'Etat. Sa modefte vertu s'effraya cependant d'un choix dont il fe croyoit feul peu digne. Content de poffèder la fageffe, il fuyoit l'éclat des honneurs, & laiffant à fes concurrents l'ambition d'y parvenir, il ne cherchoit qu'à les mériter. Cependant à qui font-ils dûs ces poftes éminents que la gloire environne, fi ce n'eft à ces hommes extraordinaires, capables d'inftruire les autres par leurs exemples, de les conduire par leur fageffe, & de faire régner par-tout la paix, la juftice

& l'abondance ? eux seuls méritent ces distinctions honorables, & lorsqu'ils y sont élevés, le Public accompagne leur triomphe de ses acclamations.

Qu'est-ce qu'un Evêque ? C'est un homme dépositaire de la doctrine, des vérités de la Religion & de la partie la plus sacrée de l'autorité du Prince ; un homme qui doit veiller sur une multitude composée de toutes les conditions, de Riches dont il faut ménager la délicatesse, essuyer les caprices & arracher des aumônes ; de Pauvres, dont il faut adoucir les maux & supporter les murmures ; de Grands, dont il faut réprimer les passions & l'arrogance ; de Malheureux, dont il faut terminer les blasphêmes & prévenir le désespoir ; d'esprits foibles & superstitieux qu'il faut éclairer, & d'esprits superbes & inquiets qu'il faut combattre : c'est un homme revêtu d'une autorité pénible & laborieuse, qui s'étend jusques dans le secret des ames & dans l'intérieur des familles où il doit maintenir la discipline des mœurs, autorité qui s'exerce par la persuasion, & non par la contrainte, & qui l'expose souvent à la haine de ceux dont il sollicite le salut ; c'est un homme qui doit toujours être prêt à rendre raison de notre foi, ou pour éclaircir nos doutes, ou pour humilier la science orgueilleuse de l'Impie ; c'est enfin un homme qui doit réunir à l'obfervance d'un même culte & des mêmes devoirs, des efprits différents d'humeurs, d'intérêts, de caractères; qui doit redreffer nos égaremens, maintenir parmi nous la paix & la concorde; protéger les foibles, confoler les affligés, les malades, les mourans.... Qui a jamais calculé la fomme des maux auxquels devoit remédier un Evêque, confidéré la tâche que lui impofoient la Religion & l'Etat, & n'a pas été tenté de demander au Ciel, pourquoi il n'avoit confié qu'à des humains un emploi fi laborieux & fi fublime ?

Comment MONTESQUIOU s'eft il acquitté de ce miniftère important? Ses opérations le peindront mieux que tous mes difcours. Je n'uferai point ici du droit de Panégyrifte; je ne tracerai point un de ces portraits originaux où l'Ecrivain dit, non pas ce qu'on a fait, mais ce qu'on a dû faire. Ce n'eft ici que l'hiftoire de MONTESQUIOU; & l'hiftoire, dont les crayons ne font point guidés par la vérité, n'eft plus qu'une fiction : c'eft cette vérité même que j'attefte ; c'eft au Peuple Sarladois, c'eft à tous les Peuples de l'univers que je foumets la conduite paftorale de ce Prélat ; malheur à moi fi j'avois la vaine prétention d'ajouter à leur témoignage.

A peine l'Abbé de MONTESQUIOU eft-il chargé du gouvernement d'un Diocèfe, qu'il contemple avec effroi le nombre & l'étendue de ses devoirs. Il me semble l'entendre dire à la Religion : « Fille » du Ciel, reçois le serment que je fais entre les » mains de ton héroïque défenseur ; je n'ai à t'offrir » que ce souffle fugitif qu'on appelle la vie, je » te jure de t'en consacrer tous les momens. »

Ce serment que son cœur lui dictoit, il l'a rempli pendant quarante ans. Il renonce dès-lors à toute liaison étrangère, pour s'occuper uniquement du bonheur de son Diocèse. La foiblesse de son âge n'allarma point le Peuple de Sarlat. La gloire, ce fruit tardif du mérite, avoit devancé le nouveau Pasteur. Cette gloire présageoit aux Sarladois la paix & l'abondance. La première marque de tendresse que leur donna MONTESQUIOU, fut de les assurer qu'il ne les perdroit jamais de vue. Il regardoit la résidence des Evêques comme leur premier devoir. Il eût pu, encouragé par l'exemple, occuper une place à la Cour, & s'endormir dans la mollesse & l'oisiveté sur le Siége Episcopal, en confiant son pouvoir à des mains subalternes ; mais il sait qu'en devenant Pasteur de son troupeau, il en est devenu le père ; & qu'il n'est qu'un père dénaturé qui puisse abandonner, sans frémir, ses tendres enfans à des hommes qui n'en portent point le titre auguste. MONTESQUIOU craindroit, qu'à son absence, on ne nourrit de poison des oüailes qu'il veut repaître d'herbes falutaires. Ce n'eft pas qu'il n'eût affocié à fes travaux des hommes dignes de lui. Je voudrois pouvoir tracer ici le tableau de leurs vertus apoftoliques : on verroit que ce Prélat eût pu, dans la rigueur, fe difpenfer de fon exceffive délicateffe.

Il redouble fon étude & fes veilles ; il fupplée à l'expérience par la réflexion. Pour connoître l'étendue de la puiffance eccléfiaftique, il remonte jufqu'aux fiècles reculés, où douze hommes ifolés fur la terre, purent, fans armes, fans tréfors, fans éloquence, perfuader l'univers entier, établir la Religion du Chrift fur les debris de toutes les autres Religions renverfer d'antiques autels pour en lever de nouveaux fur leurs ruines profanes, & détruire des milliers de Dieux avec lefquels on croyoit converfer & vivre, pour faire adorer un homme obfcur, mort ignominieufement fur un gibet. C'eft dans ce tems orageux qu'il voit l'Eglife encore chancelante, élever fa tête affoiblie au milieu de la perfécution & du carnage. Elle eft appuyée fur la foi qui triomphe à fes yeux de la tyrannie des Princes, & de l'aveuglement des Peuples ; il fuit avec attention les progrès & la décadence de la Religion dans les différens fiècles. Les perfécutions des tyrans, les fcandales, les blafphêmes des libertins & des Philofophes, la tutelle des Souverains, la doctrine des Pafteurs, les orages qui l'ont obfcurcie, les suites cruelles du fanatisme, il veut tout voir, il profite de tout. Il parcourt avec avidité l'histoire des hommes qui ont vécu ; il trouve dans leur morale incertaine les principes toujours flottans de ceux qu'il doit gouverner.

Les hommes qui s'étoient illustré dans la carrière apostolique, attirent sur-tout ses regards ; le spectacle de leurs vertus élevoit son ame, & lui donnoit des leçons qu'il n'a jamais négligées. O vous ! dont la Nation ne peut prononcer le nom sans éprouver un sentiment de respect mêlé de reconnoissance, vous que le Ciel réservoit pour faire l'éclat d'un siècle le plus illustre & le plus savant, ô Fenelon ! ô Bossuet ! illustres rivaux ! Il lut vos oracles, il les respecta, vous lui apprîtes à connoître les hommes, à retirer des avantages même de leurs foiblesses.

Ces pénibles travaux ne nuisent point aux fonctions de son ministère. Il déploie sa vigilance & son activité sur tout son Peuple sans distinction. Il visite la cabane obscure du Pauvre, comme le Palais superbe du Grand ; depuis la tête la plus élevée, jusqu'au plus humble Citoyen, Artisans, Laboureurs, Bergers, Enfans, tous lui sont connus ; il sait leur nom, leur demeure ; il connoît leurs mœurs, leur situation, leurs sentimens.

Que ne puis-je, pour l'honneur de mon siècle, & pour celui de ma Patrie, passer sous silence quel fut l'objet des premiers travaux du nouveau Prélat. L'ignorance & la corruption avoient alors pénétré jufques dans le fanctuaire ; il en arrête les progrès ; il diffipe cette noire vapeur qui s'étendoit fur les fideles. Il rétablit la difcipline dans ces édifices facrés, monumens éternels de la piété de nos pères, que la Religion avoit cru n'ouvrir qu'à la ferveur, & qu'elle n'avoit que trop ouvert à l'ambition & à la fainéantife. Ces voûtes, dont les échos ne devroient répéter que des divins Cantiques, retentiffoient alors des cris de la révolte, des murmures de l'envie & des vœux de l'indépendance. Le Cloître étoit devenu une image de la Cour. Chaque Moine déchiroit, carreffoit, maudiffoit, tyranniffoit tour-à-tour un autre Moine qu'il appelloit du doux nom de frère. Les titres de Prieur ou de Gardien y étoient difputés avec la même chaleur qu'un trône électif (2). MONTESQUIOU fubjuge ces efprits mutinés. Les jugemens clandeftins où l'innocence eft fi fouvent facrifiée au reffentiment, ceffent ; les cachots monaftiques s'ouvrent & les factions fe diffipent.

Parmi le petit nombre des Clercs vertueux, s'étoient gliffés de fauvages Montagnards, fortis des neiges de l'Auvergne, hommes vils & mercenaires, qui trafiquoient honteufement des biens de l'Eglife, des dons du Ciel & de la crédulité des Peuples. MONTESQUIOU réprime tous ces abus. Il veut connoître le nom, la capacité, les mœurs & le caractère de ces Ministres errants. C'est d'après cet examen, que les uns sont renvoyés vers leur Evêque, pour y vivre sous son obéissance; les autres enfermés dans des Séminaires, pour y puiser la science & l'esprit du Sacerdoce; d'autres enfin, privés d'un pouvoir dont ils avoient abusé.

Quelle circonspection ! quelle sagesse lorsqu'il faut répandre l'onction sainte & donner de nouveaux soutiens à l'Eglise ! La naissance, ni les distinctions ne sont point des titres pour être enrôlé dans la milice sacrée, la science, la sainteté des mœurs, voilà les seules qualités qui méritent son attention. Il s'applique, avec zèle, à éloigner du sanctuaire ces vases de honte & de rebut, qui ne consacrent aux autels que les restes languissans d'un corps usé par la débauche, ou qui n'apportent dans la maison du Très-Haut que le désir & l'espoir d'y trouver un sort tranquille.

Bientôt il fait la visite de son Diocèse. Que ne puis-je vous représenter sa tendresse paternelle pour les Pasteurs vigilans & sa vive indignation pour les mercenaires ! Cependant, comme il sait que le libertinage & la philosophie du siècle se font un jeu de lancer leurs traits venimeux contre des hommes que leur science & leur piété leur rendent odieux & redoutables, il ne punit jamais sur de simples soupçons; il pardonne à ceux qui succombent pour la première fois à la fragilité humaine. Sévère pour lui seul, & indulgent pour tous les autres, il s'empresse de jetter un voile épais sur leurs scandales, & dérobe aux yeux du Public, & le crime & le châtiment. Les Habitans d'une Ville, d'un Bourg viennent-ils se plaindre de leur Curé, de leur Vicaire? il pese, il compare leurs plaintes; il en examine, il en réunit toutes les circonstances, il sonde le cœur des dénonciateurs, & s'il trouve leur Pasteur coupable, il les dispose au pardon par cet esprit de conciliation qu'on remarqua toujours en lui; il détruit dans leur ame jusqu'au moindre germe d'animosité. « Allez, » mes enfans, leur disoit-il, allez, vivez en paix, » votre Curé se corrigera, il me l'a promis. Hélas! » mes enfans, les Prêtres ne sont-ils pas des hom- » mes! »... Il mande le coupable, le conseille en ami, l'avertit en père & le ramène dans la bonne voye, non par les ordres d'un Supérieur, mais par une persuasion invincible. Tel est le genre de correction que devroient employer tous les Evêques, & non pas les proscriptions, l'arrogance & les duretés, qui tendent toujours à rendre les hommes hypocrites, & jamais bons ni repentans.

Persuadé

Perſuadé que les lettres adouciſſent les mœurs, & que les lumières, bien dirigées, peuvent ajouter à l'éclat de la vertu, MONTESQUIOU met tous ſes ſoins à établir dans tous les villages, des écoles gratuites ſous l'inſpection des Curés. Le College de Sarlat, qui, juſqu'alors, n'avoit été que l'école de la corruption & du libertinage, devient, par ſes bienfaits, l'aſyle des talens & des mœurs. Les vieillards, voiſins des tems heureux où MONTES-QUIOU commençoit à gouverner ſon Diocèſe, aiment encore à entretenir leurs neveux des premiers travaux d'un Prélat qu'ils pleureront juſqu'au tombeau. Ils le peignent, redonnant à la ſainteté du culte ſa première dignité, par l'appareil des cérémonies; retranchant les abus établis par la licence & autoriſés par la ſuperſtition; portant la lumiere dans des pays de ténèbres, évangéliſant les pauvres, parcourant ſans ceſſe les Villes & les Campagnes pour y préſider au maintien de la diſcipline & au ſoulagement des Peuples; & offrant enfin le ſpectacle d'un Evêque, aux yeux des laboureurs, diſtribuant ſagement les Sacrements & ſes revenus; faiſant entendre à des Pâtres, à des Artiſans cette voix faite pour charmer la Cour & la Capitale; conformant la ſublimité de ſon éloquence à la ruſticité de ces eſprits foibles & groſſiers; rempliſſant à la fois,

C

par fa vigilance & fa tendreffe, les fonctions de Père, de Pafteur, d'Evangélifte, de Légiflateur & de Pontife; élevant des afyles publics en faveur de l'indigence & des calamités, & forçant les victimes de la lubricité publique, à l'amour de la vertu, ou du moins à l'impuiffance du crime; veillant lui-même fur les exercices d'un Séminaire dont il étoit le reftaurateur; inftruifant & formant ces jeunes Elèves, l'efpérance du fanctuaire; rempliffant de l'efprit du Sacerdoce cette précieufe élite qui devoit fournir à l'Eglife des foutiens, & des Pafteurs aux fidèles; éprouvant leur vocation; pénétrant le fecret de leurs inclinations & de leurs penchans; veillant fur leurs études; excitant l'émulation; encourageant leurs talens par des examens réitérés, des louanges & des récompenfes.

C'eft ainfi que MONTESQUIOU a rempli les devoirs immenfes de l'Epifcopat, quant au fpirituel; voyons comment il s'eft acquité de ceux de Citoyen.

SECONDE PARTIE.

UN Evêque n'est pas seulement établi pour le bien spirituel des ames : en le rendant Apôtre des Peuples, l'Eglise veut qu'il en soit le tuteur & le père. Ces titres augustes que Montesquiou tient de la Religion, il les préfére à tous les titres fastueux qu'inventa la vanité, & qu'une stupide bassesse donne à l'orgueil. Bientôt le foible cesse d'être opprimé ; il prévient la ruine, en avançant la fortune des familles vertueuses ; on voit de toutes parts des lieux consacrés par sa bienfaisance au soulagement de l'humanité, où se ramassent tous les âges & les infirmités de la vie, où la miséricorde soutenue par les largesses du Prélat étend ses soins sur la veuve sur l'orphelin, sur tous les êtres souffrants. Un sentiment invincible échauffoit & saisissoit l'ame de Montesquiou, la transportoit au milieu de cent mille autres ames, l'unissoit & rendoit son existence commune avec elles. Il ne se répand pas une larme dans son Diocèse, qui ne vienne humecter ses paupieres ; on n'y pousse pas de gémissemens qui ne le fassent frissonner ; son cœur palpite à la vue d'un malheureux ; il ressent dans son ame le contre-coup, pour ainsi dire, de tous les maux qu'il souffre, & il se voit forcé par un pouvoir irrésistible, de faire le bien en partageant celui qu'il possède ; d'essuyer les pleurs des affligés ; de soulager leurs besoins, pour soulager ceux de son cœur. Les misères publiques sont pour lui une douleur qui le fatigue & le tourmente, & dont il ne peut se délivrer qu'en les détruisant.

Il est un genre de malheureux qui excite sa sensibilité la plus vive. Ce sont ces respectables infortunés, qui, victimes à la fois de la misère & de la honte, veulent, pour échapper à l'œil insultant du mépris, imiter les richesses au sein de l'indigence. Ici c'est une famille désolée, dont la fortune vient de descendre au tombeau avec son chef ; là, c'est une jeune vierge luttant entre les horreurs de la faim & les pièges d'un séducteur, forcée d'immoler son honneur à la nécessité, & prête à donner pour de l'or & peut-être hélas ! pour du pain, un bien que ne pourroit racheter tout l'or du monde. D'un côté, c'est un Guerrier vénérable qui prodigua sa fortune & ses jours à la défense de la Patrie, & que sa noblesse & sa valeur, dont il porte sur son sein les signes glorieux, n'ont pu dérober à l'indigence : d'un autre, ce sont de vertueux & respectables Prêtres, qui, blanchis par les années & les travaux, & incapables de remplir les fonctions du ministère sacré, se voient réduits à dégrader la majesté de la Religion, par le trafic honteux des choses saintes. MONTESQUIOU n'est pas de ces Pasteurs insensibles qui ne semblent jouir des barbares priviléges de leur prééminence, que lorsqu'ils voient leurs Peuples mendier à leurs pieds des secours tardifs, & qui, loin de prendre soin des ames que leur a confiée la Providence, & que la misère ne peut que dégrader, semblent ignorer qu'ils en ont une eux-mêmes. Sa table est la table de cette classe indigente. Il leur prodigue ses libéralités. Que ne puis-je rapprocher de vos regards ces attentions délicates, cette compassion respectueuse, plus précieuse que les dons, par lesquelles il ménageoit leur honneur & leur sensibilité !

O vous ! qui défendez l'Etat de votre sang, & le nourrissez de vos sueurs, l'humble toit de vos chaumières ne peut vous dérober à son œil pénétrant. C'est parmi vous qu'il voit tout à découvert; si l'abondance y régne, il contemple sur vos fronts la sérénité & la joie; si vous êtes malheureux, il y voit les lambeaux de la misère; une pâle maigreur y décèle le besoin. Alors une compassion tendre ouvre son cœur à vos souffrances; il compte le nombre des enfans; il calcule la somme des maux; les premières ressources vous sont fournies; une situation plus avantageuse vous est assurée. Tout est examiné, tout est inscrit sur un registre. Qu'il est précieux ce registre ! qu'il décore bien mieux un bureau, que cet amas sacrilége de livres où l'insatiable cupidité inscrit ses fonds, calcule ses intérêts, suppute ses revenus & ses exactions ! O Pasteurs ! qu'un livre, où la misère & le nombre des êtres souffrans soient consignés pour être secourus, pare toujours votre cabinet solitaire.

Vous rappellerai-je ces jours de stérilité, où la terre resserrant ses entrailles, sembla venger le Ciel, en nous refusant ses dons ordinaires (3). Les suites d'une guerre onéreuse, une cruelle famine, la disette des grains, les campagnes desséchées & morfondues, offrent par-tout l'image de la faim & de la mort. Ici, des malheureux se voyent forcés par la nécessité de chercher, à travers les champs, une nourriture que la terre ne produit que pour les animaux. Là, deux Epoux désolés, chargés d'une nombreuse famille, flottants entre la cruelle alternative d'expirer inconnus, ou de se déshonorer en se faisant connoître, appellent à leur aide le trépas, sont poursuivis par les horreurs de la faim jusques dans les bras du sommeil, & forcés, dès que le jour paroît, de maudire le retour d'un astre qui réjouit toute la Nature.

Au milieu de cette défolation, on voyoit de barbares oppreffeurs (4) marcher au bruit des chaînes, affiéger la cabane du Laboureur, enlever les meubles ruftiques qui en décoroient la fimplicité, enlever jufqu'au grabat où fa femme venoit de donner un Citoyen à la Patrie, arracher même de fes mains défaillantes le berceau & les vils langes qui couvroient le nouveau né, & la dernière gerbe ▬▬▬ qu'on avoit cachée pour fubvenir à fes premiers befoins. Le récit de ces attrocités parvient à MONTESQUIOU. Son ame fe dilate, fon cœur fe ferre, s'ouvre à la douleur; fes larmes coulent; il vole, porté fur les aîles de la charité, jufqu'aux extrémités de fon Diocèfe ; il fait jaillir de fon palais une fource facrée, qui, femblable à un fleuve majeftueux & bienfaifant, fertilife le fol le plus aride. Ses fonds épuifés, il porte, avec une généreufe liberté, les foupirs de fon Peuple au pied du Trône. « Sire, dit-il au Roi, vous
» venez d'extirper de vos Etats la guerre avec
» toutes fes horreurs, & vos Sujets ne jouiffent
» encore ni des douceurs de la paix ni du fruit
» de votre courage. Il eft une vile foldatefque qui
» parcourt les Provinces & porte par-tout la défo-
» lation avec le pillage. J'ai vu des Cultivateurs
» affamés, prefque expirans aux pieds de ces monf-
» tres qui les traînoient impitoyablement fur la

» pouffière, & qui leur enlevoient, au nom de
» la Loi, & les inftrumens du labourage, & les
» bœufs, compagnons de leurs travaux. J'ai vu
» des pères, des mères, de jeunes enfans fuir en
» gémiffant leur terre natale & chérie, pour cher-
» cher, fous un Ciel plus heureux, des alimens
» que leurs Citoyens leur arrachoient fans pitié.
» C'eft à vous, Sire, à faire ceffer des fléaux plus
» meutriers, fans doute, que les batailles de
» Raucoux & de Fontenoi.

Ces vœux que formoit la charité, la charité les exauce. Une abondance de grains & de pieufes libéralités font bientôt difparoître de notre Province le défefpoir & les gémiffemens. Tout change, tout renaît; & la fécondité dans les campagnes, & la férénité fur les fronts, & la joie fous le chaume, & la fainte pudeur, & la piété filiale, & la fidélité conjugale, & toutes les vertus qu'une odieufe rapacité & la mifère avoient bannies.

Semblable à l'aftre du jour, MONTESQUIOU révivifie tous les lieux où il darde fes rayons. Jamais malheureux ne l'approcha qu'il ne reffentit l'influence de fes bienfaits. Il faudroit, difoit-il fouvent, il faudroit, rayer de l'exiftence d'un Evêque, les jours qu'il pafferoit fans faire un heureux. Paroles mémorables qu'on ne fauroit affez répéter à ces riches barbares qui ne montrent de senfibilité que pour les revers ou pour des animaux domeſtiques. Il parcourt & les priſons & les hôpitaux, & les chaumières, ſans ſe laiſſer rebuter par l'horreur des habitations. Hélas! quelle demeure ſi affreuſe, qui ne devienne aimable pour un Paſteur quand il eſt aſſuré d'y ſoulager ſon Peuple ſouffrant. Tantôt, il recueille ces ſpectres errans, ces hommes exténués qui ſe traînent avec efforts dans les rues & les places publiques, il leur procure des aſyles où ils renaiſſent à la fois à l'honneur & à la vie; tantôt, il deſcend dans ces cachots ténébreux, dans ces tombeaux de l'humanité vivante qu'habitent la douleur & le déſeſpoir; il y briſe les chaines ſous le poids deſquelles une cupidité rapace courbe l'innocence, & il rend ainſi à une famille éplorée, & ſans pain, les bras d'un fils, d'un époux, d'un père : il inſtruit, il conſole, il ſoulage, il ſerre dans ſes bras les coupables que la Patrie proſcrit, & que la Juſtice va bientôt frapper de ſon glaive. Il mêle ſes larmes à leurs larmes & parvient, par ſa douceur & par ſes bienfaits, à faire naître le repentir & la honte dans des lieux où l'on ne voyoit qu'exécrations, où l'on n'avoit jamais entendu qu'imprécations & que blaſphêmes. Enfin, il viſite les demeures attendriſſantes de ces infortunés abandonnés preſque en naiſſant, de ceux même qui leur avoient donné l'être, ces afyles, où les enfans du crime font confondus avec les enfans de l'indigence. Là, fe forment de jeunes malheureux, nés fous les Loix facrées du mariage, & dont les parents défolés, ne les délaiffent que parce qu'il les aiment. Hélas ! ils préférent la déplorable confolation de les voir vivre loin d'eux, à la douleur déchirante de les voir périr misérablement dans leurs bras, & facrifient ainfi, à leur bonheur, les douceurs qu'ils puiferoient dans leurs carreffes. Là, croiffent encore fous les aufpices de l'Apôtre Citoyen, du grand Vincent de Paul, ces victimes innocentes de l'honneur ou de la honte, à qui la pudeur abufée par des promeffes trompeufes, ou l'impétuofité des paffions donnèrent le jour. La candeur ingénue, les graces naïves & touchantes de ces tendres orphelins, femblent épuifer la fenfibilité de MONTESQUIOU, en épuifant fa fortune.

Vous rappellerai-je cette nuit défaftrueufe où l'un des édifices les plus honorables & les plus utiles à l'humanité fut entièrement réduit en cendres (4) Tout Sarlat retentit de cris & d'effroyables hurlemens. Les époux, les mères, les enfans accourent en foule pour voir, pour embraffer encore une fois une époufe, un fils, un père expirants fous des voûtes embrâfées. A travers les larmes, les fanglots & les gémiffemens, MONTESQUIOU se précipte vers *l'Hôpital-Général*, suivi de quelques amis fidèles. Tout Citoyen frémit en voyant le Prélat chercher au milieu des tourbillons de feu, un trépas plus glorieux sans doute que celui que trouve un héros sur un champ de bataille. En vain on veut l'arrêter ; en vain on lui montre, dans toute son horreur, le danger auquel il s'expose ; ce sont de timides conseils qu'il dédaigne. Il vole par-tout où l'appelle la voix défaillante des mourans ; par-tout où le péril est plus grand, c'est-là qu'on le rencontre. Repos, santé, richesses, vie même, il prodigue tout, il est prêt à tout sacrifier. Ah ! « s'écrie-t-il, dans les transports » de sa tendresse, mourons du moins pour eux, » puisqu'ils ne peuvent pas vivre avec nous. » Il administre, il prépare à la mort des malheureux que sa présence & ses discours consolants dérobent au désespoir. Ainsi, lorsque, dans des tems trop récens, hélas ! à notre mémoire, la mort étendit ses aîles sur le Languedoc & le Bas-Périgord, on vit un Prélat intrépide voler du sein de sa famille, du lit même où le retenoit une fièvre cruelle, au milieu de son troupeau en proye à une épidémie homicide. Chimériques bienséances, délicatesses frivoles, pleurs d'une mère tendre, vous parlâtes en vain. D*** a sans doute les entrailles d'un fils, mais il est Pasteur, mais il est le père d'un

Peuple gémiſſant..... Il raſſemble ſa milice ſacrée & brave au milieu d'elle toutes les horreurs de la contagion. Il marque à chacun des Miniſtres ſon poſte & ſon devoir. Il leur inſpire, par ſes diſcours, un courage qu'il affermit par ſes exemples. Oh! combien d'Eccléſiaſtiques entreprirent alors, pour la première fois, de ſe rendre utiles à leurs ſemblables!.... Mais revenons à MONTESQUIOU.

Enfin le fléau s'éteint & ſe diſſipe. Il faut réparer les ravages des flammes. Il épuiſe pour cet effet ſes fonds & ceux de ſes amis, & rétablit ſur les ruines de cet aſyle les deux plus ſuperbes édifices qu'on connoiſſe dans toute la haute Guienne. (5)

Et comment, avec des revenus bornés, pouvoit-il ſuffire à tant de bienfaits? Riches impitoyables, voici votre condamnation. Ecoutez, vous, qui pour fermer l'oreille aux cris plaintifs de l'indigence, objectez ſans ceſſe l'éclat de votre nom, la décence de votre état, la dignité de votre rang: pour être utile à ſes ſemblables, diſoit MONTESQUIOU, l'homme généreux n'a pas beſoin d'être opulent. La charité eſt toujours aſſez riche pour donner: elle trouve ſes tréſors dans la ſimplicité, la frugalité, les pieuſes privations; le ſuperflu devient immenſe, quand on ne le proſtitue point au faſte & à la vanité.

Qui ſuivit jamais plus ſcrupuleuſement ces

maximes, que l'Evêque de Sarlat ? Auffi fimple dans fes mœurs, que rigide dans fa conduite, il ne s'élève jamais pour paroître grand; jamais il ne s'abaiffe pour paroître affable; chacun le trouve tel qu'il le fouhaite. La noble fimplicité qui règne dans fon ame fe répand fur toute fa maifon. Un appareil plus majeftueux qu'impofant, y offre par-tout l'image antique des mœurs patriarchales de nos ayeux, qui n'exiftent plus que dans nos livres. Lorfque les befoins de fon Peuple l'attiroient dans la Capitale, au fein de cette nouvelle Babilonne, il fut éloigner de fon ame le poifon qui circuloit autour de lui. C'eft un fleuve pur & tranfparent dans fa fource, qui traverfe le noir Océan fans contracter aucune fouillure avec fes eaux bourbeufes. Répandre dans le fein des malheureux, ce qu'il auroit pu employer à des plaifirs permis, à des dépenfes autorifées par l'ufage, à ces goûts frivoles, à ces fantaifies bifarres, qui, multipliées, abforbent les fortunes les plus confidérables; voilà fa magnificence. Il craindroit en abufant, même des biens deftinés à fes befoins, de violer les droits de l'humanité, de proftituer le pain du pauvre, en arrachant, au laboureur épuifé, le fruit tardif de fes travaux, encore humide de fes fueurs & des fes larmes. Sur fa table régna toujours la mère de toutes les vertus, la vénérable frugalité des champs. Ces hommes qui dévorent dans un seul repas de quoi nourrir une Ville entière, dédaigneroient sans doute la simplicité des mets qu'on y servoit, mais les Fenelon*, les Beaumont, les Chanterac **, goûtoient quelquefois, assis à côté de MONTESQUIOU, un plaisir qu'ils avoient été forcés de laisser pour un tems dans leurs Diocèses.

Ce n'est pas à la seule école de la frugalité que se forment les mœurs; l'ennemi du luxe & de la sensualité, doit être aussi l'ennemi de la molesse. O vous qui consumez des jours languissans dans une pesante inutilité, venez voir ce Prélat, & apprenez de lui à jouir de votre existence passagère. Il entretient la vigueur de son ame par une vie laborieuse & dure; il saisit, à mesure qu'ils naissent, les jours, les heures, les moments; il s'en empare, & les empêche de disparoître en les enchaînant, pour ainsi dire, par le travail; il fixe la rapidité du tems, & le force de porter, en fuyant, son tribut à la Religion & à l'Etat. Chaque instant avoit sa destination, ses délassemens même avoit quelque chose d'utile & de grand.

Par quelle chaîne invisible s'attachoit-il tous les cœurs? Par cette bonté engageante qui le rapprochoit de tous. La bienfaisance fait, il est vrai, le bonheur des malheureux qu'elle soulage, mais

---

* Evêque de Lombez.
** Evêque d'Aleth.

ses secours doivent être administrés avec bonté ; & quelqu'active qu'elle puisse être, elle laisseroit couler plus de larmes qu'elle n'en essuyeroit, si elle n'avoit que de l'or. La bonté seule dans un Pasteur peut rendre heureux tout un Peuple. Elle répand sur ses actions & sur ses discours un charme secret qui porte dans tous les cœurs la satisfaction la plus douce ; l'affection & la confiance.

Vit-on jamais dans un rang si élevé, dans un génie si sublime, cette bonté, cette aménité qu'on admiroit dans MONTESQUIOU ? Je me le représente encore dans ses audiences onéreuses & fréquentes, avec cette inaltérable égalité d'humeur, interrogeant toujours avec la même politesse, écoutant avec la même patience, répondant avec la même douceur, décidant avec la même tranquillité, ne conservant de son rang, que ce qu'il falloit pour le lui faire oublier, je veux dire cette aimable affabilité, par laquelle il rassuroit la timidité craintive, ou le respect qu'inspiroit son front auguste que les Rois eux-mêmes révéroient ; son regard où l'Être Suprême sembloit avoir imprimé un rayon de sa majesté. Il possède cet art insinuant qui donne plus de mérite aux bienfaits en marquant de l'estime pour les personnes ; il carresse l'amour-propre en disant des choses flatteuses à tout le monde. Allégua-t-il jamais le nombre, la variété, l'importance des affaires qui l'appelloient ailleurs ? Bien différent de ces hommes fiers & capricieux dont il faut étudier les moments, qui, se vengeant par une farouche dureté des embarras & des soins que leur charge traîne à sa suite, vous font payer mille fois un bienfait avant de l'accorder, L'EVÊQUE DE SARLAT, laissant à son autorité la dignité qui la faisoit respecter, en ôtoit la fierté & l'humeur, qui, loin de relever l'éclat de la grandeur, avilissent toujours les Grands.

Ce n'étoit pas même une popularité d'appareil qui s'acquiert par l'usage, & se perd en stériles démonstrations. Il ne faisoit, en cela, que se livrer aux mouvemens naturels de son cœur; c'étoit en lui un fond intarrissable d'humanité.

Que ne puis-je vous le montrer au milieu des sages, également vertueux & éclairés, qu'il avoit choisis pour former son conseil, ne réservant de son autorité que la facilité de son génie & la force de son esprit, communiquant ses lumières & profitant de celles des autres, éclaircissant les matières les plus épineuses & les plus embrouillées ! L'équité sévère, qui est dans son cœur régne autour de lui, & préside à tous ses jugemens. La flatterie, la cabale, les intrigues, tous ces crimes que la stupidité décore du nom de science politique,

disparoissent

disparoissent devant MONTESQUIOU. Son ame est inaccessible à ces vils intérêts qui dégradent même les ames communes. Il ne se laisse ni séduire par la faveur, ni intimider par la crainte. Il respecte la naissance & les titres, mais il veut juger les personnes, & jamais une lâche bienséance ne lui fit prodiguer à la Noblesse ecclésiastique cette scandaleuse opulence devenue le prix de l'ignorance & de l'inaction, & dont ne murmurent que trop des Pasteurs indigens, les défenseurs de la Patrie & le laboureur affamé. Il ne connoît d'autre Noblesse que le mérite, d'autre Roture que l'indolence, & il ose croire que tout ce qui pourroit être utile, ne seroit pas toujours juste. Il sait que ce qui est protégé, n'est presque jamais ce qui devroit l'être; aussi le méchant, de quelque sang qu'il fût, trouvoit en lui une ame inflexible & rigide, & l'humble vertu, si souvent opprimée, y trouvoit une ame sensible & compatissante.

On ne peut être juste sans écouter la voix de la vérité. Ce fut ce même sentiment qui lui fit toujours détester ces accusations secrettes, qui trafiquent, dans l'obscurité, de l'honneur & du bien des Citoyens. Chez lui les ames viles & rampantes ne furent point encouragées à la calomnie par l'intérêt; il ne paya jamais l'infamie. La dissimulation, cet art si pratiqué parmi nous, l'effraya

D *

fans le déconcerter. Il cherche par-tout la vérité ; il l'étudie dans les livres, dans les entretiens, au milieu du Peuple, de ce Peuple qui ne fuit que les mouvemens de fa franchife & de fon affection, chez lequel tout parle, tout fe voit, tout s'entend, & qui nous offre toujours la naïveté dans fes mœurs, dans fes vertus, dans fes vices même. Il conjure fes amis de lui dire toujours la vérité, s'ils le croient digne de l'entendre............

. . . .

A toutes les vertus utiles, MONTESQUIOU joignoit toutes les vertus privées. Le cœur fenfible, qui voit avec tranfport l'image de la félicité publique, qui eft fans ceffe agité par la paffion de faire des heureux, eût toujours befoin d'amis. Quel homme fut plus digne d'en avoir que l'illuftre Evêque de Sarlat. Qui connut mieux que lui le prix de l'amitié ? Il la regardoit comme le plus précieux tréfor, comme le plus bel ornement de fon rang. Ce feroit à ceux qui furent les confidents de fes fecrets à nous le peindre dans le commerce de la fociété : on verroit cet air doux & facile, cette aimable franchife, cette fidélité conftante, cette candeur, cette gaîté, cette familiarité douce, ce caractère de bonté qui faifoient le charme de fes entretiens, & qu'on ne remarque prefque jamais dans les grands génies. La férénité riante, qui brilloit fur fon front, & la tendreffe qui animoit ſes regards lorſqu'il ſe trouvoit avec ſes amis, exprimoit la ſatisfaction qu'il goûtoit avec eux. Tout homme à talens & vertueux lui paroiſſoit avoir des droits ſur ſon cœur. Mais il donna un plus grand ſpectacle ; il fut l'ami d'un Prince trop digne de régner, & dont la fatale faux trancha les jours à leur aurore, LOUIS DAUPHIN...

Hélas ! pourquoi faut-il que je r'ouvre ici des plaies que le tems n'a pas encore cicatriſées ? Ah ! ſi nos cœurs étoient moins ſenſibles, je parlerois encore à mes Concitoyens, aux bons François, d'un Prince qui eût été moins leur Roi que leur père ! Je leur dirois, Peuple reconnoiſſant ! Donnez, donnez des larmes à la mémoire d'un homme dont vous avez reçu tant de bienfaits. Ne dites plus qu'il ne fit rien pour vous *. C'eſt par lui que vous êtes heureux, c'eſt lui qui vous gouverne, c'eſt à ce ſage Mentor que vous devez un Télémaque, qui ne monte ſur le Trône, que pour y travailler à la félicité publique.

Louis Dauphin avoit fait agréer au Roi ſon père, MONTESQUIOU pour co-adjuteur à l'Archevêché de Paris. Il rapprochoit ainſi deux amis que leurs devoirs éloignoient l'un de l'autre. J'irai, diſoit-il, j'irai auprès de mes deux *Archevêques* oublier mes peines ; c'eſt dans leur ſein que je

---

* Les projets qu'il fit en votre faveur, ſon fils les exécute.

déposerai les dégoûts inséparables du Trône. Plus de Roi, plus de Sujets; les rangs disparoîtront, les larmes couleront & seront confondues comme les cœurs.

Un Prélat qui avoit refusé hautement plusieurs Sièges éminents, entr'autres l'Archevêché d'AUSCH, & une riche Abbaye dans le Diocèse de Bordeaux (5), devoit reclamer contre ce choix. Aussi s'en plaignit-il au Prince dont le cœur l'avoit dicté. » C'est à votre mérite, lui répond flatteusement le Monarque, sur-tout à l'amitié de mon fils, que vous êtes redevable de votre transmigration. Si vous aviez visité plus souvent vos amis, de votre plein gré, vous m'auriez dispensé de vous en rapprocher malgré vous ». Voilà l'extrait d'une lettre par laquelle Louis XV reprochoit à l'Evêque de Sarlat son oubli de la Cour........
. . . .

Pieux sans fanatisme, sévère sans causticité, modeste par penchant, toujours ferme dans ses discours & dans ses exemples, MONTESQUIOU fut le censeur de son siècle, & le modèle des siècles à venir.

Ses travaux & ses veilles affoiblissoient de plus en plus sa santé. Depuis long-tems, par un régime sévère, il la retenoit chancelante sur le penchant du tombeau. Ô jour! ô moment affreux! où nous entendîmes ces terribles paroles entrecoupées de

longs fanglots : MONTESQUIOU *touche à sa dernière heure.* Au premier bruit de sa maladie, tous les fronts s'abbaissent ; les Citoyens, le visage consterné, l'œil morne, le cœur serré, portent dans leur famille cette nouvelle désolante. C'en est fait, disent-ils, il n'est plus !... Qui ? demande en tremblant l'épouse indécise. — Ton père, le mien, le vôtre, celui de tout le Peuple Sarladois. Assis auprès de ses petits-enfants, le vieillard frémit à ce discours, il fait un effort pour quitter le siège sur lequel le retient l'engourdissement de ses sens, & retombant de foiblesse, il s'écrie, en pleurant, " O Ciel ! j'ai trop vécu d'un jour ! Je
» voyois, sans regret, mes foibles yeux se fermer
» à la lumière, ils avoient joui du spectacle tou-
» chant du bonheur de mes Concitoyens, je des-
» cendois au tombeau en faisant des vœux pour
» celui qui en est l'auteur. Hélas ! & c'est lui
» qui me précéde ! Ses vertus, ses bienfaits, nos
» vœux empressés n'ont pu l'arracher à la fatale
» faux ! Ah ! j'ai trop vécu d'un jour ! que n'ai-je
» succombé jadis sous le poids de la misère ! Cette
» mort eût été bien moins cruelle. Mais seroit-il
» vrai.... Le dernier coup seroit-il porté.... Ah !
» s'il étoit tems encore.... nous léverions nos mains
» innocentes vers le Dieu clément ; nous le fléchi-
» rions, nous serions aidés, il entendroit les cris

» d'un Peuple entier.... faifons-lui violence, nous » l'emporterons, je le fens. Portez-moi, traînez-» moi dans le temple ». Ils vont, ils fe précipitent : Tous les travaux font fufpendus : Rien n'intéreffe qu'un fi grand danger. Le Tribunal eft abandonné par le Magiftrat, l'Attelier par l'Artifte, le champ par le Laboureur, l'enfant au berceau par fa mére : ils vont. Bientôt les temples ne fuffifent plus à la foule.... Le feuil des portes, les rues, les places publiques deviennent des afyles de fuppliants (6); le Prêtre monte à l'Autel, fes prières font interrompues par les gémiffemens du Peuple, & accablé lui-même du poids de fa douleur, il ne s'exprime plus que par des fanglots, & achève à peine le facrifice ! O Ville infortunée ! ô ma chère Patrie ! ô mes Concitoyens : qui vous arrachera de cet abîme de maux ? Mais.... quelle douce rumeur vient frapper nos oreilles... Il vit... On court, on s'empreffe, on affiége les portes du Palais Epifcopal, on s'arrache les premières nouvelles, on fe les communique avec avidité, on s'embraffe confufément, on fe profterne, il vit, c'en eft affez, il vit ! O Dieu ! vous ne fûtes jamais fi cher, vous ne fûtes jamais fi grand.

Ici l'Éloge de MONTESQUIOU femble être terminé : prouver qu'il obtint l'amour de fon Peuple, c'eft prouver qu'il en fut digne. L'eftime s'égare quelquefois, l'admiration peut se laisser surprendre, mais l'amour public ne se trompe jamais. Les transports des Peuples seront toujours des oracles infaillibles. Princes, Grands, Pasteurs, le témoignage de vos Sujets, voilà votre Juge.

Déja la confiance ranimoit tous les cœurs. Tout faisoit des vœux pour le Prélat rendu à son Peuple, à ses amis, à ses fonctions. MONTESQUIOU ne respiroit plus que pour ma Patrie reconnoissante. Entouré de mes Concitoyens, comme un père de ses enfans, fixant tous les regards, jouissant de la douce satisfaction de les voir heureux, coulant sous l'empire de la vertu les restes d'une vie sanctifiée par la piété & consacrée toute entière au bonheur de l'humanité. Mais la Providence ne fait que prêter les grands hommes à la terre. Semblables aux bulles que forme sur la surface des eaux une pluie orageuse, ils naissent, s'élévent, brillent & disparoissent. Elle ne fit que nous montrer MONTESQUIOU. Une mort soudaine suivit de près une maladie qui s'étoit absolument éloignée au bruit de nos allarmes.

O vous ! à qui le Ciel donna la connoissance du corps humain, s'il est vrai (nons aimons à nous le persuader) que votre art ait quelqu'empire sur la mort : ah ! voici, voici le moment de le signaler ? Rassemblez toutes vos forces, réunissez tous vos secrets & toutes vos lumières & rendez-nous un père : notre amour, nos biens, notre sang, s'il le faut, seront votre récompense ; mais loin de rassurer nos ames inquiettes, les disciples d'Hypocrate se taisent. Ah! je l'entends ce silence effroyable ! C'est le cri perçant de la mort !

Elle approche, on l'annonce au Prélat, il la voit & son front ne pâlit point. Entouré d'amis désolés, lui seul paroît tranquille. Il cherche à suprendre leur douleur par un sourire gracieux, par sa gaîté ordinaire. Quoi ! dans un moment où tout échappe, où les fortunes, les titres, les rangs sont confondus & disparoissent, dans ce moment être indifférent & calme ! Eh ! qu'auroit d'effrayant pour *l'Evêque de Sarlat* la fin de sa carrière ? Il a vécu soixante-dix ans, il a rempli le poste que lui avoit assigné la Providence. Le sentiment délicieux de l'immortalité qui, pendant sa vie, élevoit son ame, la rassure au bord du tombeau. Il a été vertueux, qu'auroit-il à craindre, que n'auroit-il pas à espérer ? Il va rejoindre le premier Être, il va remettre entre ses mains une ame plus belle qu'il ne l'avoit faite. Le tems n'est plus, l'heure sonne, & ce fils après *avoir voyagé retourne vers son père*.

Le spectacle de la mort ne le trouva cependant pas insensible. Son ame se déchire à la vue

de fes amis dont il fe fépare pour jamais. Il partage leur douleur, il veut les preffer encore une fois fur un cœur dont ils ne font jamais fortis. Il raffemble autour de fon lit tous ceux qui avoient été attachés à fa perfonne; il les remercie de leurs fervices, il les embraffe tous, & fuffoqué par fes fanglots & par le fpectacle touchant de leurs larmes; il les conjure de dérober à fes yeux le dernier témoignage d'une affection dont il n'a jamais douté. Il leur donne fa dernière bénédiction, & fe détourne en foupirant. Au milieu de cette fcène attendriffante il n'oublie pas qu'il laiffe des malheureux fur la terre; leurs gémiffemens frappent fans ceffe fon oreille mourante. Il fut leur père pendant fa vie; il veut leur en fervir après fa mort. Son teftament eft un monument de fa tendreffe pour eux; monument plus précieux fans doute que ces infcriptions faftueufes que la vanité grave fur l'airain, & qui fouvent ne nous confervent que le fouvenir honteux des malheurs ou des brigandages de nos pères. Prêt à expirer, il veut encore donner des preuves de fon amour & de fa fidélité pour fon Prince & pour fa Patrie. Il foulève fes mains à demi-glacées vers le Ciel, & prononce avec efforts ces paroles. « O Dieu ! je te rends graces de m'avoir
» rendu témoin du bonheur du Peuple François

» & de la fageffe de fon jeune Monarque. Puiffe long-
» tems ma Patrie fleurir fous fes loix bienfaifantes,
» & puiffe bientôt un tendre rejeton s'élever à côté
» du Trône au milieu des bénédictions & des accla-
» mations publiques, & hériter des vertus de fon
» augufte père, en héritant de fon fceptre » !
Ainfi mourut ce Prélat. Tout Citoyen eft pleuré
après fa mort; le père l'eft par fon fils, l'ami par
fon ami, l'époux par fon époufe. MONTESQUIOU
après avoir mérité l'eftime & l'admiration de tous
les amateurs de la vertu, fut honoré de leurs
regrets & de leurs larmes. Sarlat a pris le deuil;
le deuil s'eft étendu fur la vafte Province confiée
à fes foins. Le Peuple, ce bon Peuple, toujours
vrai dans fa douleur comme dans fa joie, a gémi
de cette mort comme d'une calamité perfonnelle.
Chacun l'a regardée comme la perte d'un père
tendre, d'un protecteur zélé, d'un ami fidèle.
Les temples, comme les toîts des maifons, ont
retenti des cris qu'ils pouffoient vers le Ciel; &
la poftérité ne doit pas ignorer que l'illuftre Evêque de Sarlat fut pleuré par le plus fage des Rois.
Une larme de LOUIS honore plus MONTESQUIOU
que les plus pompeux éloges.

O MONTESQUIOU! à peine ai-je vu mon
quatrième luftre, & j'ofe peindre ta grande ame.
Pardonne à ma témérité. Je preffens qu'elle fera
réparée : je preffens que j'aurai des concurrents

dans cette noble cartière. Ce monument * que tu érigeas aux lettres, produira quelque jour un mortel qui les illuftrera par ton Éloge. Alors la poftérité, dégagée des préjugés & des merveilleufes puérilités qui, de nos jours, enchaînent le génie, tiendra féance & te jugera. Alors tes vertus & tes bienfaits feront parfaitement connus, & ma Patrie reconnoiffante, mêlant ton nom à des noms illuftres, qui feront toujours chers à fa mémoire, te décernera le tribut de fa gratitude. A côté des ftatues des Fénelon (7), on élevera la tienne. On en fera l'inauguration fplendide. Les Grands, le Peuple, les Magiftrats s'empresferont d'embellir, par leur préfence & leurs acclamations, une cérémonie fi chère à leur cœur. Peut-être qu'on y prononcera auffi ton nom, ô fage Prélat,** à qui mon heureufe Patrie donna le jour, & que la Capitale pleure encore; & moi, fi les fourdes trâmes de la calomnie & la blême hypocrifie permettent au tems de fillonner mon vifage, je me traînerai aux pieds de vos images attendriffantes, & là ranimant ma voix demi-éteinte, je

---

* Le Collége de Sarlat.

** M. DE BEAUMONT, Archevêque de Paris. Je devois publier l'éloge de ce Prélat il y a environ dix-huit mois, mais des circonftances particuliéres m'ont forcé d'en fupprimer; ou du moins d'en renvoyer l'impreffion à une époque moins près de nous.

m'écrirai : ô mes amis, réparez l'injuſtice de vos pères, honorez la mémoire de ces hommes ſans leſquels vous feriez encore à naître, ou vous languiriez dans l'ignorance. Trois fois les Fenelon ont ſauvé la vie à vos ayeux & l'honneur à vos mères. Trois fois ils remirent Sarlat ſous l'empire de ſon Souverain légitime : c'eſt au ſang de Fenelon que vous devez le bonheur d'être François ; & c'eſt par les ſoins bienfaiſans de MONTESQUIOU que parmi vous le vieillard fortuné voit ſans inquiétude couler les reſtes débiles de ſa vie, que vos enfans ſont inſtruits, & que vous aimez encore la vertu. Ceux-là furent vos fondateurs, celui-ci polit vos mœurs & votre caractère. Puiſſé-je, ô Mânes ſacrés de ces grands hommes, puiſſé-je par le récit de vos vertus, faire couler quelques larmes de tendreſſe & expirer de joie à cet aſpect touchant.

NOTES HISTORIQUES.

(***) Henri-Jacques de *Montesquiou de Poylebon*, né au Château de Mirande, Diocèse d'Auch, en 1710, de Melchior de *Montesquiou*, Seigneur de *Poylebon*, & de Marguerite *de la Mazere*, nommé Evêque de Sarlat, sacré le 17 Septembre 1747, Député à l'Assemblée du Clergé de France en 1755, & nommé Coadjuteur à l'Archevêché de Paris en 1769, étoit issu de la famille de Montesquiou, qui tire son nom de la terre de *Montesquiou*, la première des quatre Baronies du Comté d'Armagnac, dont le Seigneur a le droit de siéger dans le Chœur de la Cathédrale d'Auch, avant les autres Chanoines, en qualité de *fils & de Chanoine de l'Eglise d'Auch*, qualité qu'Arsieu de Montesquiou acquit, pour lui & sa postérité, le 5 des ides de Septembre 1226.

Cette Baronie fut démembrée du Comté de Fezenzac & donnée en partage, dans le XI.e siècle, à *Raimond-Aimeri de Fezenzac*, frère de *Guillaume Astanove*, Comte de Fezenzac, suivant un acte du Cartulaire de Sainte-Marie d'Auch. Il étoit fils d'*Aimeri*, Comte *de Fezenzac*, dont le bisayeul, Guillaume *Garcie*, fut partagé du Comté *de Fezenzac*, qui comprenoit alors le Comté d'Armagnac, par son père, *Sanche le Courbé*, Duc de Gascogne, fils de *Sanche Mittara*, & petit-fils d'autre *Sanche Mittara*, que les Gascons firent venir de Castille en 864, qu'ils établirent Comte de Gascogne,

& qu'ils maintinrent en poffeffion de cette partie de l'ancien patrimoine de fes ancêtres.

Sanche Mittara, I du nom, avoit pour ayeul *Loup-Centulle*, qui, ayant perdu l'an 819 fon Comté de Gafcogne, s'étoit retiré en Caftille, dont il fut élu Conful ou Comte. Une Charte authentique de l'Empereur *Charles-le-Chauve*, donnée l'an 845, pour confirmer la fondation du Monaftère d'Alahon au Diocèfe d'Urgel, faite en 835, par *Godrefegile*, Comte des Marches de Gafcogne, & parent de *Loup-Centulle*, apprend l'extraction & les ayeux de ces deux Princes, defcendus du fameux *Eudes*, Duc *d'Aquitaine*, dont le père *Boggis*, auffi Duc *d'Aquitaine*, étoit fecond fils de CHARIBERT, Roi de Touloufe, frère du Roi DAGOBERT, & fils de Clotaire II, qui avoit pour père CHILPERIC, pour ayeul CLOTAIRE I, & pour bifayeul CLOVIS-LE-GRAND. Ainfi l'on peut dire que les defcendans de *Raimond-Ameri de Fezenzac*, connus depuis plus de fept cens ans fous le nom de MONTESQUIOU, ont non-feulement le rare avantage d'avoir une filiation bien prouvée, & fans interruption, depuis plus de XIII fiècles ; mais encore qu'ils peuvent fe glorifier d'avoir pour ayeux les premiers Monarques François. *Diction. des Gaules*, tome 4, p. 845. *L'Abbé Vely*, *hift. de France*, *hift. des Grands Officiers de la Couronne*, tome 7, pag. 262 & fuiv. *Diction. de le Nobleffe*, tome 10, p. 325. *Preuves qui fe trouvent au Cabinet de l'Ordre du Saint-Efprit.*

La maifon de MONTESQUIOU, divifée en plufieurs branches, a donné un Cardinal à l'Eglife, des Evêques à divers Diocèfes, trois Maréchaux de France, dont deux fous le nom de *Montluc*, le troifième fous celui de MONTESQUIOU, plufieurs Chevaliers des Ordres du Roi, plufieurs Lieutenans Généraux de fes Armées depuis les derniers tems, des Gouverneurs de Provinces, &c. &c.

Comme la modestie de MM. les Vicaires-Généraux vivants ne me permet point de m'étendre sur leurs rares qualités, je vais tenter l'ébauche du caractère & des vertus d'un de leurs Confrères, que la mort vient d'enlever à leurs travaux, à leur cœur & aux pauvres. Que tous les momens de ma vie n'ont-ils été employés à un ministère aussi honorable, je veux dire, à faire connoître les qualités sublimes & les bienfaits d'un Ministre des autels, dont la vie simple & uniforme, fut partagée entre l'étude, la prière, les travaux apostoliques & le soulagement des malheureux.

M. l'Abbé de *Beaupui*, né à Sarlat en 1713, d'une des premières familles de cette Ville, fit ses *humanités* dans l'Université de Cahors; ses Cours de Philosophie & de Théologie à Paris, où il reçut le bonnet de Docteur de Sorbonne, & se rendit ensuite à Sarlat, où M. *le Blanc*, alors Evêque de ce Diocèse, lui avoit donné un Canonicat dans la Cathédrale. A M. *le Blanc* succéda M. de MONTESQUIOU. Ce Prélat, formé de bonne heure à l'étude des hommes, démêla bientôt dans M. l'Abbé *de Beaupui* toutes les qualités qui le distinguèrent depuis. Il s'empressa de l'admettre dans son Conseil & de l'associer à l'opération du bonheur de son Diocèse. Personne n'eût jamais lieu de se plaindre de ce choix précipité. L'Abbé *de Beaupui*, quoique jeune encore, & nouvellement sorti de la Capitale, d'où tant d'autres rapportent, dans leur Patrie, des principes que le grand commerce du monde donne, & que le monde lui-même ne manque pas de désaprouver & de railler dans ceux à qui il les a donné, quand ils ne sont pas faits pour les avoir; l'Abbé *de Beaupui*, dis-je, surpassa l'attente de son Evêque. Ce fut sur-tout dans les fréquentes visites du Diocèse que le Prélat connut véritablement le mérite de son Coopérateur. Il crut devoir le récompenser en l'élevant à la dignité de Doyen du Chapitre à laquelle est attaché le privilége d'avoir voix délibérative pour deux Chanoines du corps. A cette récompense il en joignit une seconde ; ce fut l'Abbaye de *Plébenoit* que le Prélat demanda & obtint du Roi pour l'Abbé *de Beaupui*. Ce trait qui fait à la fois l'éloge du Prince, du Prélat & de son Coopérateur, prêteroit à des réflexions qui ne peuvent entrer dans un récit historique.

Après avoir partagé les travaux & les sollicitudes de M. de MONTESQUIOU pendant près de trente ans, l'Abbé *de Beaupui* eut la douleur de le voir mourir entre ses bras. Sa paisible philosophie, appuyée de la Religion, l'empêchèrent de succomber sur l'heure ; mais cette perte, jointe à celle d'une mère tendre & d'un neveu qu'il chérissoit, & dont il étoit plus que chéri, minèrent sourdement sa santé, & creusèrent son tombeau où il est descendu vers le commencement de l'année 1784, avec toutes les dispositions les plus édifiantes. Tout ce qu'on peut desirer de plus sage & de plus sensé dans un testament, se trouve dans le sien ; des legs aux pauvres, à son Abbaye, à ses domestiques, voilà quelle en est la disposition. La facilité, la candeur de ses mœurs étoient extrêmes. Un cœur simple & droit l'avoient naturellement disposé à la piété. La sienne étoit, non-seulement solide, mais tendre, & ne dédaignoit pas certaines pratiques, qui sont plus à l'usage des femmes que des hommes ; cependant elle étoit exempte d'inégalité & de singularités. La constitution de son esprit ressembloit à celle de son corps, qui étoit très-robuste & très-saine ; il l'avoit égal, tranquille, exempt de ces vaines inquiétudes & de ces agitations insensées, qui sont les plus douloureuses & les plus incurables de toutes les maladies. Mais ce qui le distinguoit davantage encore étoit une charité

rité sans bornes. Il donnoit jusqu'à son nécessaire : c'étoit chez lui que tous les pauvres, & sur-tout les honnêtes gens que des malheurs forçoient d'implorer le secours d'autrui, trouvoient des libéralités proportionnées à leur condition : des vêtemens, des lits, le loyer de leurs habitations, telles étoient ses *charités* ordinaires. Il faisoit aussi tous les jours à la sortie de la Grand'Messe l'aumône à cent pauvres assemblés ; ce n'étoit point par ostentation, mais pour donner l'exemple. Il savoit en outre, que tout Bénéficier doit compte au Public de l'usage qu'il fait des biens de l'Eglise : cette dernière manière de faire l'aumône, l'Abbé *de Beaupui* ne l'employoit que pour écarter les soupçons flétrissans de prévarication. Il croyoit par-là pouvoir dérober à ce même Public ses libéralités secretes. Mais ce secret étoit trahi par la reconnoissance : par-tout on proclamoit les prodiges de sa charité ; des familles relevées, des Prêtres qu'il avoit fait élever, nourris ainsi que leurs parens, & puis placés soit dans des Cures, lorsqu'ils étoient capables d'instruire & de conduire les autres, soit dans la Cathédrale étoient les organes par lesquels sa modestie recevoit chaque jour de nouvelles atteintes. Il ne faisoit pas la moindre dépense ; il sacrifioit tout aux malheureux pour augmenter leur patrimoine ; il avoit affermé sa maison canoniale, pour occuper une seule chambre à peu de distance de sa maison paternelle, où il prenoit ses repas. Il ne prit un domestique que sur la fin de sa vie. On le trouvoit souvent occupé à raccommoder lui-même sa soutanne ou ses bas, & tout cela pour économiser le dîner d'un pauvre. Aussi, quand il fut extrêmement mal, & qu'on le recommanda aux prières publiques, les Eglises retentirent des cris & des gémissemens de ceux qu'il avoit tant aimés. Sa mort fut honorée de la même Oraison funèbre, éloges les plus précieux de tous ; tant parce qu'aucune contrainte ne les arrache ; que parce qu'ils ne font donnés ni à l'esprit, ni au savoir, mais à des qualités infiniment plus estimables.

Je l'ai vu rougir d'avouer l'unique besoin que connoissoit son cœur, celui de communiquer ses bienfaits. Je l'ai vu parcourant la Ville, entrant dans l'attelier de l'Artisan, pour lui faire des questions sur sa position; j'ai vu à son passage le vieillard decrépit, laisser tomber le bâton qui soutenoit sa foiblesse, l'ouvrier ses outils, les enfans leurs hochets, pour courir & embrasser ses pieds. La vue attachée sur leur bienfaiteur ils le suivoient des yeux, & lorsqu'ils cessoient de le voir, ils levoient leurs mains pures vers le Ciel, le prioient de prolonger ses années, le bénissoient & se remettoient au travail.

(2) Quelque tems après l'arrivée de l'Evêque de Sarlat dans son Diocèse, le Chapitre général des Récolets ou Frères Mineurs se tint à Sarlat dans la maison professe des Religieux de cet Ordre. Il s'y fit un vacarme extrême. Un d'entre eux furieux de ce qu'on ne l'avoit point nommé Provincial, s'arma de sa sandale & en blessa plusieurs de ses Confrères.

(3) On se rappelle en frémissant, & l'histoire transmettra à la postérité la plus reculée, les horreurs & les malheurs que traînoit après lui le trop mémorable hyver de 1749, qui fut beaucoup moins rigoureux pour les *Salardois* que pour le reste du Royaume. Dans les premiers jours de famine, l'Evêque de Sarlat fit distribuer abondamment aux pauvres quantité de bois, de pain, de riz, de légumes, de vêtemens, de lits, &c. Ses ressources épuisées, il passa lui-même, accompagné de ses Grand-Vicaires, chez tous les Citoyens aisés ou riches, & les engagea à substanter, chacun selon leurs facultés, un ou plusieurs malheureux. Il établit de grandes salles où les pauvres trouvoient des secours, du feu & du travail. Il a depuis renouvellé plusieurs fois ce louable établissement.

(4) Huissiers aux Tailles. Je les ai vu moi-même enlever jusqu'au pain noir que le malheureux Paysan avoit sur sa table, & cela de la part du Roi, de la part d'un Monarque, père de ses Sujets, d'un père tendre qui réforme sa maison, supprime ses dépenses, épuise ses tréfors pour soulager les maux des pauvres, d'un Prince enfin qui pleure amèrement sur les besoins publics, & se refuse les siens pour subvenir à ceux de son Peuple. *Voyez les Arrêts du Conseil d'Etat, des mois de Janvier & de Février* 1784.

(5) Lors de l'incendie de l'Hôpital général, M. de *Montesquiou* s'y rendit, & fit enlever & transporter chez lui la plupart des malades, &c.

(6) C'est aux bienfaits de M. de *Montesquiou* que Sarlat doit son superbe Collége & le vaste Hôpital général. Cet établissement, à l'aspect duquel tout bon Citoyen doit verser des larmes de tendresse & de reconnoissance, réunit plusieurs avantages. C'est-là que les vieillards & les infirmes trouvent un asyle, où de charitables Vierges leur prodiguent leurs soins : c'est-là que les orphelins, les malheureux enfans du crime, & ceux du Citoyen pauvre, apprennent la profession qui leur convient, sont nourris, élevés & trouvent une dote lorsqu'ils en sortent. Des Manufactures de fil de coton, de brique, de chaud-vive, de bas, de tricot, &c., sont leurs occupations ordinaires. C'est enfin là que sont reléguées, pour faire pénitence, ces victimes de la lubricité publique, ces femmes qui oublient qu'en perdant de vue la modestie & la pudeur elles ne sont plus rien. Et ne croyez pas qu'on attende à Sarlat, qu'une malheureuse vienne, comme ailleurs, vous faire mille agaceries déshonorantes, humilier son sexe jusqu'à vous forcer par des honteux stratagêmes à satisfaire sa passion brutale ; non, mes concitoyennes ne connurent jamais ce vil manége. La pu-

E 2

deur, la candeur furent toujours leur plus belle & plus chère parure ; elles, en héritèrent de leurs mères & la tranfmirent à leur poftérité, auffi le moindre foupçon d'inconduite fuffit pour les faire enfermer. C'eft ainfi que M. de *Montefquiou* crut qu'on devoit s'y prendre pour préferver ma Patrie d'un commerce infâme dont les plus vils animaux évitent de donner le fpectacle, & dont les exemples des Capitales ont infecté jufqu'aux moindres bourgades.

(7) En refufant cette riche Abbaye, l'Evêque de Sarlat ne fit que réitérer les preuves de fon défintéreffement, & qu'imiter fon digne frère, M. l'Abbé de *Montefquiou de Poilebon*, Abbé Commendataire de Saint-Martial de Limoges ; entre plufieurs Evêchés que ce dernier a refufés, il faut diftinguer l'Evêché de Sarlat que le Roi lui offrit après la mort du Prélat que je loue : Celui-ci s'étant défait en faveur des pauvres de fes principaux effets, ayant en outre contracté des dettes confidérables pour fubvenir à leurs befoins, M. l'Abbé de Saint-Martial s'eft chargé généreufement d'acquiter ces dettes & de faire honneur à tous les engagemens du Prélat. Je craindrois de bleffer la modeftie de M. l'Abbé de *Montefquiou* en parlant de fes qualités perfonnelles, je laiffe aux pauvres de Limoges, & aux perfonnes qui ont l'honneur de l'approcher, le foin de rendre à leur bienfaiteur un hommage moins fufpect que celui d'un Citoyen ifolé.

(8) La reconnoiffance du Peuple Salardois a éclaté à plufieurs époques envers l'illuftre Prélat. Comme il réfidoit perpétuellement dans fon Diocèfe, & que l'air qu'on y refpire étoit peu favorable à fa fanté, il y éprouva de fréquentes maladies. A peine la nouvelle s'en répandoit-elle que tout étoit en mouvement, & les Citoyens dans la confternation. On faifoit des vœux de toutes parts : toutes les Eglifes étoient

tapissées d'*ex-voto* : aux voûtes des Eglises Cathédrale & Paroissiale de Sarlat, de l'Eglise de Temniac, d'Issigeac, des Chapelles des Filles de la Foi, des Pénitens, &c., sont suspendues des bannières représentant divers sujets religieux. Dans la dernière maladie on multiplia les Neuvaines, les Expositions du Saint-Sacrement, les prières, les aumônes. La Confrérie Royale *des Pénitens-Blancs* se rendit processionellement, & pieds nuds, dans la nouvelle Chapelle des Dames de la Foi, y fit chanter une Messe Solemnelle, pour obtenir de Dieu, par l'intercession de Saint-François-de-Sales, le rétablissement de la santé du Prélat &c. La Confrérie des *Pénitens Bleus* fit la même chose dans la Chapelle des Cordeliers. On y voyoit un tableau représentant l'Evêque de Sarlat courbé sous la faulx de la mort, qu'un Ange, enveloppé d'un nuage, repoussoit en lui montrant cette devise *adhùc Populo necessariùs*........ On avoit encore tracé sur la toile différens emblêmes, dont ma mémoire n'a conservé que ces mots : *Orbanda vendicè flebat Religio....... Patrem plangebat Clerus....... Spolienda Cive benefico ejulabat Patriâ.......* Lorsqu'un Peuple entier publie de pareils témoignages, celui d'un Pahérigyriste ne peut jamais être suspect. Non-seulement la Ville de Sarlat fit des vœux pour le rétablissement de la santé de M. *de Montesquiou*, mais toute la Province marcha sur ses traces. Outre les bienfaits, dont nous avons parlé, M. *de Montesquiou* a contribué à l'établissement du Collége, auquel il a réuni la Mense Conventuelle de l'Abbaye de Terrasson, à la fondation d'un Hôpital à Issigeac, à Beaumont. C'est sous ses auspices que MM. les Abbés de Laborie de Campagne & de Bouillac ont fondé, le premier, l'Hôpital général de Montpazier, & le dernier l'Hôpital de Montignac, & que l'Archidiacre Fajol a bâti une Chapelle aux Dames de la Foi. Enfin c'eſt à M. de *Monteſquiou* qu'on doit la conſtruction d'une ſuperbe Chapelle au Séminaire, d'un Orgue à l'inſtar de celle de Saint-Sulpice de Paris, dans la Cathédrale, le rétabliſſement des Chapelles des Cordeliers, des Pénitens, &c. &c.

(9) Il n'eſt peut-être aucune famille dans le monde chrétien qui puiſſe ſe flatter d'avoir donné à la même Egliſe autant d'Evêques, qu'en a fourni à l'Egliſe de Sarlat l'illuſtre maiſon de LAMOTHE-FENELON. Le mérite héréditaire des ancêtres du Cyne de Cambray, & les ſervices qu'ils ont rendus à ma Patrie, avoient ſans doute déterminé le Peuple Sarladois à choiſir ſes Chefs ſpirituels dans une maiſon qui produiſoit des Généraux ſi braves & ſi fidèles à leur Prince. On peut le dire ſans flatterie, il n'a jamais eu le moindre ſujet de s'en repentir. Les ayeux de l'illuſtre Précepteur du Duc de Bourgogne ont laiſſé à ma Patrie une mémoire auſſi chère, que l'eſt & que le ſera à jamais à tout l'univers celle du pieux & docte Auteur du *Télémaque*. Qu'on ouvre les annales de la Guyenne, qu'on ouvre les annales du Royaume, & l'on verra la vérité de ce que j'avance. Ce n'eſt point ici le lieu de faire l'hiſtoire de cette maiſon : je me bornerai à tracer les noms des principaux Evêques qu'elle a fourni à l'Egliſe de Sarlat.

I. ELIES, fils de Mainfroi *de Salignac & d'Alix & d'Eſ-taing*, fut Evêque de Sarlat en 1360, & Archevêque de Bordeaux en 1361.

II. PONCE de Salignac, fils de Raymond, Baron de *Salignac*, & de N. *d'Eſcars*, frère d'Antoine & de Jean de la Mothe-Fenelon, ſacré Evêque de Sarlat en 1485, mort le 14 Novembre 1492.

III. Armand de *Gontaud*, fils de Gaſton, Baron de *Biron*, & de Catherine de *Salignac*, fut ſacré en 1498. Il jetta en

1504 les fondemens d'une nouvelle Eglise Cathédrale, se démit de son Evêché, & mérita, par ses vertus, le titre d'Archevêque de Nazareth. Il fonda les Chapitres de *Biron* & *d'Issigeac*, auxquels il légua tous ses biens, & mourut au Château de Biron, le 19 Septembre 1531.

IV. François II de Salignac de la Mothe-Fénelon, sacré le 13 Janvier 1569. Ce fut sous son Episcopat que les Religionnaires se rendirent maîtres de la Ville. (Voyez la note sur *Sarlat* à la fin de cet article.) Le 11 Juin 1579, il fonda, secondé de Pierre *Blanchei*, Conseiller au Parlement de Bordeaux, le Collége de Sarlat, auquel il réunit le revenu d'une Prébende de la Cathédrale. Il assigna les fonds nécessaires à cet établissement, & mourut au Château de *Fenelon*, distant d'une lieue de *Sarlat*.

V. Louis I de *Salignac*, sacré en 1579, prononça deux harangues au Concile de Bordeaux en 1583, asista aux ETATS DE BLOIS en 1588, puis à l'Assemblée du Clergé en 1596. Le Roi l'admit dans son Conseil. *Louis* mourut le 6 Février 1598 à l'âge de quarante ans, étant dans le cours des visites de son Diocèse. Ce Prélat fut universellement regretté. De son tems, le Vicomte de Turenne, &c. (Voyez la note sur Sarlat.)

VI. LOUIS II *de Salignac*, fils d'ARMAND, & de *Judith de Baynac*, fut nommé par le bon HENRI IV, & sacré à Rome en 1603. C'est sous son Episcopat que les Récollets, les Religieuses de Notre-Dame & les Clarisses s'établirent à Sarlat. Il fut convoqué au second Concile de Bordeaux, & mourut dans son Diocèse, le 22 Mai 1639.

VII. FRANÇOIS III *de Salignac de la Mothe-Fenelon*, oncle de *l'immortel Archevêque de Cambrai*, fut sacré Evêque de Salat le 25 Mai 1659. Il fit démolir treize Temples; non content d'employer un grand nombre de Misfionnaires pour travailler à la converfion des Hérétiques; il fe mit à leur tête, il établit en outre dans la Ville les *Filles de la Foi*, pour l'inftruction des Nouvelles Converties, & fonda un Séminaire qu'il confia aux Prêtres de la Miffion en 1684. Ce Prélat répara, de fon patrimoine, le Palais Epifcopal, l'Eglife de Temniac, & plufieurs autres du Diocèfe. Il bâtit le Château d'Iffigeac, acheva la Nef de la Cathédrale, planta le jardin appellé le *Plantié*, & mourut avec la réputation d'un Saint Evêque, le premier Mai 1688, âgé de quatre-vingt-trois ans. Les pauvres l'honorèrent de leurs regrets & de leurs larmes. Il les avoit inftitués fes héritiers univerfels. On fe fouvient encore avec bien de l'édification, qu'il voulut lui-même être fon exécuteur teftamentaire. Il fit tranfportet à l'Hôtel-Dieu fon bled, fon argenterie, fes effets, fa *Chapelle* & une partie du lit fur lequel il alloit expirer.

Nota. Je n'ai placé ici que les noms des Evêques de Sarlat, fortis de la maifon de *Fenelon*. Avant l'érection de l'Abbaye en Evêché, l'Eglife de Sarlat avoit tiré de cette illuftre famille la plupart de fes Abbés Commendataires; de même que Bordeaux, Cambrai, Périgueux, Narbonne, Lombez & plufieurs autres Eglifes de France, s'honorent d'en avoir tiré un grand nombre de leurs Evêques.

Sarlat, *Sarlatum*, Ville de France & Capitale du Bas-Périgord, avec Evêché fuffragant de Bordeaux. Cette Ville eft fituée entre la *Dordogne* & *la Verzere*, à trois-quarts de lieue de la premiere vers le Nord, & à trois lieues de l'autre vers le Midi. Elle tire fon origine d'un Monaftére de Saint-Benoît, qu'on prétend avoir été fondé fous le règne de *Pepin* ou de *Charlemagne*, dans le neuvième fiècle. *Bernard*, Comte de Périgord, donna à cette Abbaye la feigneurie & propriété d'une Vallée voifine de Sarlat. Cette Abbaye dédiée, à DIEU d'abord sous l'invocation de *Saint-Sauveur*, & puis sous celle de Saint *Sacerdos*, Evêque de Limoges, appellé vulgairement *Sardos* ou *Sadroc*, fut érigée en Evêché l'an 1317, par *Jean XXII*, natif de Cahors, à huit lieues de Sarlat. Le premier Evêque fut *Raymond de Rocquecor*, Abbé de Gaillac en Albigeois. Les Moines Bénédictins composèrent cependant le Chapitre de cette Cathédrale, jusqu'au Pontificat de *Pie* IV qui le sécularisa.

L'Evêché démembré de celui de *Périgueux*, n'est pas fort étendu. Son revenu est de quarante-cinq à cinquante mille livres. On a uni, vers la fin du quinzième siècle, au Chapitre de la Cathédrale, le Chapitre de *Saint-Avit-Seigneur*; de sorte que ledit Chapitre est composé aujourd'hui de dix-huit Chanoines, dont six dignités ; savoir, le Doyen, le Prévôt, l'Archidiacre, le Chantre, le Théologal & le Sacristain ou Trésorier. On n'admet à ces places que des Ecclésiastiques alliés aux principaux de la Ville, ou du Diocèse. Les Chanoines ne font cependant point *preuves* : mais une loi tacite, dictée par l'ignorance & la vanité, ces deux sœurs inséparables, écarte des *stales* de la Cathédrale tout fils d'Artisan, de Laboureur, &c. diocèsain : je dis *diocésain*, car on y a vu traîner *l'aumuce* canoniale par des *Roturiers* & *très-Roturiers*, mais étrangers. C'est ainsi que par-tout on réalise ce proverbe sacré, *nul homme n'est Prophête dans son pays*. Il y a aussi huit sémi-prébendes occupées ordinairement par des Prêtres, & dont la collation est réservée au Chapitre ; elles sont irrésignables. L'Eglise Cathédrale a été bâtie sur les ruines d'un temple des faux Dieux, dont on a conservé le portail au haut duquel on voit encore les trois Parques.

Quoique cette Ville soit environnée de Montagnes d'où il est très-aisé de la battre, elle a néanmoins soutenu plusieurs fiéges. En 1562, le Marquis *de Duras* l'attaqua pour les Huguenots ; mais les Habitans se défendirent vigoureusement, & forcèrent ce Général à se retirer vers la Saintonge. En 1574, le Capitaine *Vivans*, Gentilhomme du voisinage & Huguenot, surprit Sarlat le 22 Février par le moyen de plusieurs autres Gentilshommes qui s'y étoient retirés sous prétexte d'y passer le carnaval. Ces barbares rançonnèrent la Bourgeoisie, massacrèrent plusieurs personnes considérables dans leurs maisons, & entr'autres *Ponce* & *Pierre de Salignac*, le premier Archidiacre & le second grand Chantre de la Cathédrale. Ils forcèrent les femmes & les filles, pillèrent les Eglises, brûlèrent les Reliques, & sur-tout le corps de *Saint-Sacerdos*, Patron du Diocèse. En 1587, après la Bataille de Coutras, le Vicomte de Turenne, cet homme jusqu'alors & depuis sans cesse porté sur les aîles de la victoire, le Vicomte de Turenne réuni au Roi de Navarre, depuis Roi de France, sous le nom de Henri IV, assiégea inutilement Sarlat pendant trois semaines ; il fut contraint de se retirer après y avoir perdu environ six mille hommes. Cette Ville n'avoit pourtant pour se défendre que ses Habitans & deux Gentilshommes qualifiés, qui étoient *Jean la Mothe-Fenelon*, de la maison *de Salignac*, & le Capitaine *Jayac de Carbonnières*. Dire de ces deux vaillants Généraux qu'ils résistèrent au vainqueur de la LIGUE & au père du GRAND TURENNE, c'est assez faire l'éloge de leur courage héroïque. En 1652, l'armée des Princes commandée par le Comte *de Marchin*, assiégea Sarlat & la prit par capitulation le premier Janvier 1653. Les Habitans furent désarmés, & les armes confiées au sieur de *Cortes de Maurival*, qui avoit exhorté la Bourgeoisie à ne point capituler, qui la ranima peu après, & arrêta lui-même Chavagnac, qui commandoit dans la Ville pour les Princes, & Sarlat fut remise sous l'obéissance du Roi, le 23 Mars 1653.

Plusieurs de nos Rois ont reconnu la fidélité de cette Ville par les beaux priviléges qu'ils lui ont accordés, par l'exemption de Taille, Gabelle, Corvée, &c., par la concession d'un *Chef cousu des armes de France* à celle de la Ville, qui sont une *Salamandre couronnée d'or en Champ de Gueules*. Celle-ci leur fut accordée par *François premier* qui l'avoit prise pour devise pour marque de valeur. Le plus singulier de ses priviléges est l'autorité des Consuls, au nombre de quatre, qui sont Co-Seigneurs de la Ville avec l'Evêque & les seuls Juges de la Police, & qui peuvent imposer la taille & autres contributions sur la Ville & Banlieue pour subvenir aux besoins publics, sans une nouvelle permission du Roi. Ce privilége leur fut accordé par Philippe-le-Bel. Le *Président Royer*, décision soixante, observe qu'ils ne peuvent en user que du consentement des vingt-quatre Conseillers de Ville. *Voy. Nouv. Publiq.* 1653, *pag.* 340, Moréri, &c.

Sarlat a été la Patrie du célèbre Etienne de la Boëtie, Conseiller au Parlement de Bordeaux, & l'un des plus beaux esprits du seizième siècle. Il composa, à l'âge de dix-huit ans, le Traité de la Servitude volontaire, inséré dans l'Etat de la France, sous Charles IX, & dans les Essais de Montagne qui en avoit fait un grand éloge. édit. de 1725. C'est aussi la Patrie du célèbre la Capranede, Auteur du meilleur Roman que nous ayons encore; si *Télémaque* est un poëme. Les Sarladois sont braves, fidèles à leur Prince, affables, humains, officieux, & en général dévots, & par conséquent médisans. La Noblesse & la Bourgeoisie ne reçoivent pas dans la Ville une éducation suffisante & proportionnée à la sublimité du génie & à l'énergie de l'imagination naturelle à la plupart des Citoyens. Le défaut de fortune & de commerce y nuit beaucoup aux progrès des Lettres, car nous aimons à le répéter, il y a peu de pays où l'on trouvât, dans toutes les classes, plus d'esprit, de génie & plus de dispositions aux talens. Peu d'Artisans y savent lire. Aussi, livrés à eux-mêmes, & dégoûtés des exercices mécaniques, ils prennent le parti des armes dès l'âge de quatorze à seize ans, de sorte qu'il y a peu de pères de famille qui n'aient servis le Roi, & qui n'aient quelqu'un de leurs enfans sous le *harnois*. Il est étonnant que cette Ville ayant été presque toujours bien partagée en Evêques, on ne soit pas encore encore parvenu à y établir une Ecole gratuite, pour les garçons. Quatre Frères de la Charité suffiroient à l'insttruction des pauvres ; & dans ce pays de *Cocagne*, faut-il donc des fonds si considérables pour nourrir quatre hommes voués à la mortification & au jeûne ? Quant aux filles, elles y sont instruites par les Religieuses de *Notre-Dame* & par celles *de la Foi*.

Le Collége fondé par François II *de Salignac de la Mothe Fenelon*, alors Evêque de Sarlat, a été alternativement le fantôme d'une maison d'éducation, l'école du libertinage, & enfin une pension brillante composée de la jeune Noblesse de presque toutes les Provinces voisines. Il fut, dès son origine, tenu par des Prêtres d'un âge mûr, & dont les mœurs & la capacité répondoient aux vœux de l'illustre Fondateur. Mais ensuite on le vit ou désert ou guidé par un seul Précepteur qui ne donnoit des leçons qu'à un très-petit nombre d'écoliers. Les Jésuites y ont enseigné quelque tems....... Ce Collége devint encore une école publique où l'on payoit les leçons d'un pédant errant. En 176... M. *Montesquiou* fit de vains efforts pour faire rentrer les Jésuites dans leurs anciennes possessions ; il ne put obtenir du Roi cette faveur ; il eut recours aux Doctrinaires, & ceux-ci refusèrent de s'établir à Sarlat, eu égard à la modicité des revenus du Collége. Pendant que le bon Prélat sollicitoit ou le retour des Jésuites, ou l'établissement des Doctrinaires, le Collége étoit desservi par une demi-douzaine d'Auvergnacs, dont les mœurs & les talens étoient aussi grossiers que le caractère.

Fatigué des plaintes du Principal, M. *de Montesquiou* proposa à M. *Rougiés*, alors Sous-Principal au Collége de Cahors, la principalité de celui de Sarlat, avec des avantages & des priviléges dont n'avoient jamais joui ses prédécesseurs. Le nouveau Principal, encouragé par le patriotisme, entreprit de restaurer ce monument, aujourd'hui le plus bel édifice de Sarlat. Il y rétablit l'ordre, les vertus & la science, & en expulsa le pédantisme & le libertinage. C'est à M. *Rougiés* qu'étoit réservée cette utile & difficile entreprise ; un homme moins philosophe, moins expert & moins patriote que lui, n'eut pas eu le courage d'en surmonter les difficultés. Enfin, je l'ai déjà dit, on y voit un pensionnat très-bien composé & très-nombreux. Les maîtres qui y enseignent ont les tire des Colléges ou des pensions de Paris, & ce titre de prétendu *Parisien* en impose tellement à ceux qui ne sont pas en état de les juger, qu'ils les donneroient volontiers pour Précepteurs au Principal, au Curé & même à l'Evêque. Ne calomnions cependant pas des hommes qui instruisent nos Concitoyens, & rendons justice au choix de M. le Principal, qui, jusqu'ici, n'a pas trompé son attente, ni celle du Public. Ces maîtres ont, sur-tout, des mœurs, & l'on peut dire, sans flatterie, que l'exemple de leur Chef ne contribue pas peu à les retenir dans la bonne voye. Pieux sans fanatisme, sévère sans dureté, exempt des préjugés & des erreurs qui avoient égaré ses prédécesseurs, & mis en fuite leurs Elèves, M. *Rougiés* a voulu que la sagesse, la vraie Science, la Religion, la Piété présidassent à l'éducation de la jeunesse confiée à ses soins.

Cependant, malgré tous les avantages qu'on trouve dans cette maison, trop peu connue peut-être, il me semble qu'on pourroit y ajouter encore, ce feroit en créant une Congrégation de Prêtres vertueux & éclairés, auxquels on donneroit les mêmes honoraires que perçoivent dans leurs maifons les Pères de la Doctrine & de l'Oratoire. Alors un écolier connoîtroit fon Profeffeur & en feroit connu ; aulieu qu'un Régent peut à peine appeller par leur nom fes Eleves. Comment connoîtroit-il leur penchant, leur caractère & leurs difpofitions ? Le plus long-tems qu'il les a fous fes yeux, c'eft un an ou dix-huit mois, tems pendant lequel l'Evêque lui confére les Ordres Sacrés, pendant lequel il change deux ou trois fois de chaire, après quoi il les abandonne.

Un autre abus qui nuit beaucoup aux progrès des Etudians, c'eft celui qui fe commet dans la diftribution des prix. M. le Principal, pour mettre les Profeffeurs à portée de récompenfer le mérite de leurs Elèves, leur a permis de décerner les prix à ceux qu'ils en jugeroient plus dignes. On fent bien qu'un Penfionnaire, fils d'un grand Seigneur, ou d'un *Patron laïque*, dont on peut obtenir quelque bénéfice, eft toujours plus favant qu'un vil *externe*, fils d'un pauvre Artifan qui n'a peut-être pas de pain. A propos du mot d'*externe*, c'eft le nom qu'on donne dans Sarlat aux enfans des Citoyens qui font leurs études au Collège, fans payer penfion. On ne fauroit s'imaginer combien ils y font honnis, humiliés & maltraités. J'ai vu moi-même le Portier, armé d'un fouet de cocher, chaffer, après la claffe, ces *externes* d'un édifice uniquement élevé pour eux. Tous les mépris qu'il effuyent, tant de la part des Profeffeurs que de leurs Subalternes, nuifent furieufement au progrès des fciences, dans un Pays deftiné, par la Nature, à en être le berceau.

Enfin, un vœu que tout bon Citoyen renouvelle chaque jour, eft que le louable projet de M. *de Montefquiou*, &

dont l'inexorable mort priva ma Patrie, ait un jour son exécution. Ce feroit un établiffement, où les Prêtres du Diocèfe que l'âge ou les infirmités de la vie rendent prefque incapables de s'acquiter des fonctions auguftes de leur miniftère, trouvaffent un afyle affuré contre la faim à laquelle la modicité des revenus de leurs Cures les expofe dès que leurs forces les abandonnent.

F I N.

www.ingramcontent.com/pod-product-compliance
Lightning Source LLC
LaVergne TN
LVHW020955090426
835512LV00009B/1919